頼るスキル　頼られるスキル

受援力を発揮する「考え方」と「伝え方」

吉田穂波

角川新書

はじめに

あなたは「手伝ってほしい」「助けてほしい」と周りの人に頼みごとをするのは得意でしょうか？

おそらく本書を手に取っていただいている方の中で、「得意だ」と言い切れる人はそう多くないと思います。事実、日本人は一般的に、「人に頼ることを苦手とする」人が多いようです。少し前の調査ですが、日本とフランス、スウェーデン、イギリスでの国際意識調査（平成27年度　少子化社会に関する国際意識調査／内閣府発表）においても、日本人は他の国の人と比べて「身内以外の人に個人的な用事を頼むことが苦手」という結果が出ています。

この調査結果は、「人に頼る」ことは〝相手に対して申し訳ないこと〟〝軟弱な行動〟だからなるべく避けるべきだと考える人が多いことや、そもそも社会（あるいは勤務先）に自己責任論が強く、人に何かをお願いしづらい雰囲気があることが理由として考えられます。この結果には多くの方が納得するのではないでしょうか。

これからはますます人々の多様性を尊重することが求められる時代です。マイノリティが弱音を吐きやすい社会、誰もが困っていることを打ち明けやすい社会にしていかなければなりません。もっと「当たり前に助けを求め合える」環境になっていったら、どんなにいいだろう――そう思ったことが、受援力をテーマに本書を書き始めた一つのきっかけになっています。

いま、「受援力」と書きましたが、この言葉を初めて聞く方も多いことでしょう。受援力は、人口減少が続き、リモートワークが一般的になり人との対話が生まれにくくなっている日本社会において、ますます重要性を増す力です。聞きなじみのない言葉かもしれませんので、本書ではこの力を、しばしば「頼るスキル」と言い換えます。「頼る」という言葉にネガティブな響きを感じるかもしれませんが、そんなことはありません。むしろ**「人に頼る」スキルは、社会人にとって最も必要な能力の一つ**といっても過言ではないのです。

私と受援力との出会い

ここで自己紹介をかねて、私がこの「受援力」という力とどのようにして出会ったのか、少しお話しさせてください。

都内の産婦人科医療機関で臨床医として働いていた私が、0歳、1歳、3歳の3人の幼子を連れて渡米したのは2008年夏のことでした。ボストンにあるハーバード公衆衛生大学院（Harvard T.H. Chan School of Public Health）で2年間学び、帰国後は研究者として、教員として、臨床医として、また省庁のアドバイザーとして、母子保健の推進に取り組んでいます。これまで、やりたいことをまとめて叶《かな》える時間管理術や、波乱の留学生活を乗り切った交渉ノウハウ、助けられることを肯定する考え方についての本を執筆したりもしました。その中で今、「キャリアを積み重ねつつ、家族との時間も大切にできる秘訣《ひけつ》は何ですか？」と聞かれたら、真っ先にこの受援力を挙げます。

留学中は、大学院でのハードな学業に加えて、プライベートでも予期せぬ事態が次々と起こりました。子ども3人の保育園代は月額50万円に達し、家族5人の医療保険料として年間120万円を請求されることがわかりました。借りていたマンションで想定外の改修工事が始まったのに、退去も家賃の減額も認められません。貯金はみるみる減っていきます。留学中で、かつお金がないというストレスから、精神的にも参ってしまいました。

それでも、家族に辛《つら》い思いはさせたくないという一心から、「困っているの。助けて！」と声を上げることで、人の力を借り、乗り切ることができました。解決策を求めてあちこちの壁を叩《たた》くと、思いがけないアイデアをもらえたり、壁だと思ったところに扉があったりするものです。

アメリカでの私は、お金も仕事もなく、言葉もおぼつかなく、小さな子どもをぞろぞろ連れていましたので、見るからに「子だくさんで貧乏な移民」でした。銀行の窓口でもスーパーのレジでも人の力を借りないとサバイブできないのに、何もお返しできるものがありません。できることといえば、相手からの助けに大喜びして感謝の気持ちを示すことくらいでしたので、努めて笑顔で、どんなに助かったか、言葉を尽くしてお礼の気持ちを伝えることにエネルギーを注ぎました。留学を経て以降は、人に何かお願いをしたり、お世話になったりしたら、感謝と喜びを表現することはもちろん、その時はできなくても、いつか、していただいた以上のものを恩返ししようと心がけています。

留学中はずっと「頼るスキル」のパワーを肌身に感じていた私ですが、帰国後に発生した東日本大震災の被災者支援の場では、助けられることを申し訳ないと思い、頼らないようにしている被災地の方々を見て、「もっと受援力を発揮してほしい」と強く思いました。なぜ、こんなに困った状況でも、頼ろうとしないのだろう。我慢を美徳と捉《とら》えて耐え忍び、必要な支援を受けずにいては体を壊すのではないか、と。

一方で私自身も、被災地でプロジェクト・リーダーとして働き詰めに働いて、パンクしてしまった時に、自分の受援力の足りなさを痛感しました。ボランティア活動は、勤務時間を自分で管理しなければいけないのに、「自分が怠けていてはいけない」「他の人に迷惑をかけてはいけない」という思いが強かったため、休みをとることができず、誰にも頼れなかったのです。

同じ人でも、受援力のレベルは、本人のメンタリティや環境によって、上がったり下がったりする。自分の心に余裕がない時ほど発揮できない――そうであるならば、自分が折れないための「受援力」をレジリエンス（ストレスに対応するしなやかさ／本論で詳述）につなげ、いつでも発揮できるようにするにはどうしたらいいか……。

こうした経験を経て、その後、助けられ上手と言われている人たちに注目し、その「元祖・受援力人」の共通要素を抽出しながら、公衆衛生学、コーチング理論、脳神経科学などの科学的な知見を整理したのが本書です。この受援力は精神論や心の持ちようではなく、言葉の使い方を変えるだけで発揮できる力なのです。

ここで、頼り上手な方から学んだエッセンスを具体的にイメージしやすいよう簡単に紹介しますと、ポイントとなるのは次の3つです。

まず、助けを求める時、相手への①**敬意**を示すこと。「○○さんには聞いておいてほしいんです。信頼しているから相談したいのです」と相手への信頼を十分伝えたうえで相談すると受け入れてもらいやすいですし、自分自身の申し訳ない気持ちが減り、頼る行為のハードルが下がります。また、「ここにいてくれてありがとう」と相手への②**存在承認**の気持ちを示しながら話すこと。そして、話を聞いてもらったら、話せただけでもよかったと相手に③**感謝**して、「あなたのおかげで気が楽になった」という気持ちを表すことも大事です。

こう聞くと、誰でも実践できそうな気がしてきませんか？

今はまだ漠然と「やっぱり頼るのは苦手だな」と思っているかもしれませんが、大丈夫です。あなたが直面する困りごとのシチュエーション別に「助けてと言えない」状況をパターン分類すると、解決策が見えてきます。10～11ページのYES・NOチャートを試して、自分に当てはまる解決パターンを、確認してみましょう。

自分、同僚、部下のための「スキル」

私は、受援力は「社会人にとって最も必要なスキルの一つ」と考えていますが、小学校から大学まで、いえ、社会に出てからも教えてもらう機会がありません。しかも頼るという行為が、それぞれの人の性格や気質のようなものに委《ゆだ》ねられている面もあります。

とくに今は**リモートワークが全盛であり、新しく入社したばかりの社員が自宅で孤独に働いているような場合も、このスキルによって助けられることが多い**のではないかと思います。「頼る」ことは「つながる」ことであり、自分一人では到達できないところまで連れて行ってくれるものでもあります。繰り返しになりますが、「頼る」とは、性格の問題ではなく、スキルです。そして無料で利活用できる資本でもあります。本書で受援力を身につけていただく中で、受援力を発揮できない人、「自己責任」という言葉に苦しんでいる人が目に入ってくるでしょう。ぜひ、ご自分だけでなく、周りの人、あるいは部下に対しても「この人は受援力を発揮できているか?」「ここは受援力を発揮しやすい環境だろうか?」「受援力を発揮しやすくなるためには、どうしたらいいだろう?」という視点を持ってみてください。

本書は2022年に単行本として刊行されたものを、加筆アップデートして刊行するものです。実は、最初に単行本版を書いていた時も新書に再編集する際も、私の身辺では、なぜか多くの課題が同時に発生しました。執筆するかたわら、これでもかというほど「受援力」を駆使して乗り切る状況になったことは本書の中でも書いていきたいと思います。

「どんな試練も、自分を鍛えてくれるものであり、何かいいことにつながっているはずだ」というポジティブ思考を常としてきた私ですが、公私ともに様々な困難に直面しました。また、受援力を発揮し、誰かに相談することで乗り切ってきた私でもへこたれるほど、思ってもみなかったピンチが次々にやってきました。これらの経験を通じて自分の受援力をさらに磨き、多くの人の役に立てたい、という熱意が本書をまとめる支えとなっています。

さらにこの新書版では、上司世代(管理職や、チームに責任を持つ立場の方)に向けた内容

「頼るスキル」を発揮するためのヒント

【よくある事例】	
プロジェクトが進まないのは自分のマネジメントのせいだと感じる	一人で解決できないと恥ずかしい、という恥の意識が強いあなた。でも、仲間と一緒に取り組んで解決すれば、あなたも相手も成長できることは多いはず。誰かを喜ばせるためにも、ちょこっと頼ってみてはいかがですか？

ケース・スタディ　p146 自己責任、p176 自分でやったほうが早い

【よくある事例】	
部下の仕事上のトラブルをカバーするために奔走する	熱意も誠意もあって責任感が強いあなた。ほかの人のことまで考え、一所懸命やっているのに息切れしてきたり、空回りしているように感じたり。あなたの才能を活かすために、誰かとコラボしてみませんか？

ケース・スタディ　p147 猪突猛進、p177 メンター、p205 リーダー

【よくある事例】	
道で転んで骨折し、生活が回らなくなった、子どもが不登校になった、など	自分の責任でこうなったのだから、人に頼るのは申し訳ないと感じるあなた。その気持ちはわかりますが、例えば、会話のきっかけづくりとして、困っていることをちょっと聞いてみることならできるのでは？

ケース・スタディ　p24 察する力、p74 先回り、p75 声がけ躊躇

【よくある事例】	
友人から誤解される、近隣とのいさかい、など	毎日忙しいあなた。睡眠も食事も満足に取れず、余裕がなくなると、人に頼るエネルギーまで枯渇してしまい、孤立感を抱いてしまいます。自分も相手も楽になる、そんな頼り方があったら知りたいと思いませんか？

ケース・スタディ　p102 嫌な妄想、p204 受け身

「頼れない」シチュエーション分類——

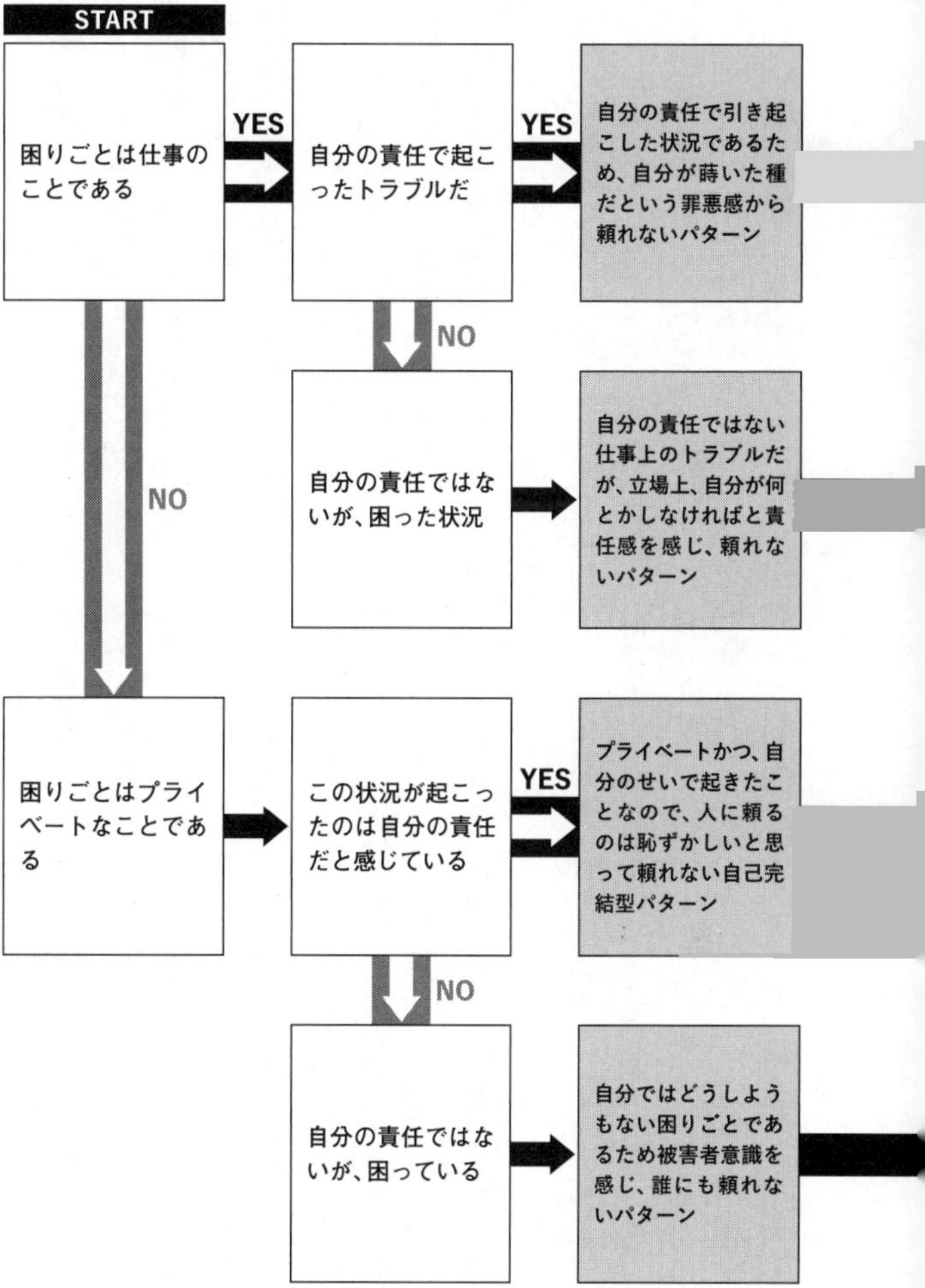
START
困りごとは仕事のことである
YES
自分の責任で起こったトラブルだ
YES
自分の責任で引き起こした状況であるため、自分が蒔いた種だという罪悪感から頼れないパターン
NO
自分の責任ではないが、困った状況
自分の責任ではない仕事上のトラブルだが、立場上、自分が何とかしなければと責任感を感じ、頼れないパターン
NO
困りごとはプライベートなことである
この状況が起こったのは自分の責任だと感じている
YES
プライベートかつ、自分のせいで起きたことなので、人に頼るのは恥ずかしいと思って頼れない自己完結型パターン
NO
自分の責任ではないが、困っている
自分ではどうしようもない困りごとであるため被害者意識を感じ、誰にも頼れないパターン

も強化しました。単行本刊行後、〝聖域〟とされるがゆえに責任感と使命感でパンクしてしまう医療従事者、介護福祉職、中学や高校からの講演依頼が相次ぎ、特に若い世代だけでなく、ベテランの方からの反響がとても大きかったからです。

上司世代が読むビジネス誌等で受援力について取材されることも増え、「リーダーのための」、あるいは「管理職のための」受援力という形で紹介されることもありました。それをきっかけにして、年配の方から「社会に出る前に、こういうことを知っておけばよかった」という言葉をいただきました。また「分からないことがあってもプライドが邪魔してすぐに尋ねることができない」といった悩みを打ち明けられることもあり、新書版ではそのような声に答えられるように加筆しました。

近年は企業研修の機会をいただくことも増え、そこで得られた知見や会社の現場での実態を加味しているのも、この新書版の強みです。

例えば、関東《かんとう》圏にある企業から、従業員約３００名全員に向けた受援力セミナーを依頼されたことがありました。その打ち合わせで、研修担当者の方にセミナーの狙いを伺うと、「社員の離職予防のために受援力を風土として根付かせたい」「すぐに使えるようなスキルにしたい」といった声が挙げられました。人事や福利厚生に携わる方々が、「この時代だからこそ必要な力です」「この力をつけることによって、残業、過労死、パワハラなども防げるのでは？　と考えています」と、受援力を企業の現場に取り入れようと話される真剣な姿勢に私はとても感銘を受けたのです。その会社ではセミナー実施の前に、従業員の方々から事前アンケートを取ってくださいました。その結果から、受援力を阻む、内部要因4つと、外部要因2つが見えてきましたので、ここで紹介させていただきます。

内部要因

1. 一人で抱え込む
・「なにかあったら言ってね」と言われても決して頼んでこない、でも忙しそう
・自分でやらないと気が済まない
・他の人に説明する時間がもったいない
・「大丈夫」と返答するわりには自分だけが大変、と感じている

2. 遠慮する
・周囲の忙しい状況が見えているだけに、遠慮して聞けない
・最後まで人に頼らず責任を持って自分一人でやり遂げるべきだ、と考えてしまう

3. 心優しい
・人を困らせたくなくて困ったと言えない

・周りも大変なんだろうと、場の雰囲気を読もうとする

4. 自信がない
・自己肯定感が低く、助けてもらうことに負い目を感じる
・自分は頼ってもらえるような人間ではないから、人に「頼ること」もできない
・不慣れな業務で、困ったことを誰に聞いてよいのかわからない

外部要因

1. 心理的安全性（第6章で詳述）が低い
・文句を言われる可能性を想像し、言えなかった
・仕事を依頼しても相手が忙しく、「無理」と断られることがあった
・言いづらい、嫌味を言われそう、などと感じる

2. 任せられる人がいない
・自分と同様に周りの人も忙しく、とても聞ける状態ではなかった
・仕事の流れ自体が人に任せられる想定となっておらず、仕方なく残業で対応した

こうしてみると、いくつかは皆さんも心当たりがあるのではないでしょうか。これらは、

いわゆる「いい人」にとっては当たり前の考え方ですが、仕事や健康にダメージを与えてしまうのは防ぎたいところです。内部要因・外部要因を問わず、これらの要因をすべて一人で、または一企業だけで解決できるわけではありません。ただ、頼ることに対して「受援力は課題解決能力である」というポジティブな意味づけができていたら、より早めに相談ができるようになるのです。

年を重ねるほど、後から後からチャレンジすべき出来事が起こるものです。もちろん、社会に出て間もない社会人、学生をはじめとする若い世代にとってはなおさらです。しかし、受援力が未来を切り開くお守り代わりになります。そしてその若者が、ベテランになって、気力や体力の衰えを感じ、大きなピンチに直面して途方に暮れた時に、本書に書いてあったことが記憶の底に沈んだ銀貨のように浮かび上がってくる――そんな本になればと願っています。

受援力を発揮するためには、超人的な能力もお金も必要ありません。ただ「敬意・承認・感謝」の言葉の使い方に慣れ、人が喜ぶ顔を思い浮かべる――これだけです。

吉田《よしだ》　穂波《ほなみ》

目次

第2章　上手に頼るための「伝え方」　73

第3章　上手に頼るための「言い換え」　101

第6章　心理的安全性の高い職場と社会をつくろう　203

第1章　頼るのは「弱いから」ではない

「頼るスキル」を磨くポイント

※各章の冒頭で、「うまく頼れない」ケースを紹介します。それぞれに「頼るスキル」を磨くためのポイントがありますので、ご自分に当てはまるものがないかチェックしながら読んでみてください。

ケース・スタディ

「察する力」が強すぎる？　Aさん（20代、営業職）

入社後、担当する仕事は一通り経験し、基本的に一人で作業を任せられるようになったAさん。同僚や取引先への気遣いもでき、人当たりのよさは周りにも認められています。

仕事を覚えることは得意なのですが、どんな仕事であっても、日々「新しいこと」が出てくるものです。初めて見る資料、新しいフロー、取引先からの想定外の問い合わせ……Aさんの仕事にもだんだんそういう案件が増えてきました。誰かに相談したいのですが、独り立ちするまで教えてもらっていた先輩は社内の別のセクションにいて、忙しそうにしているのが見えます。

「私が担当している仕事について相談するのは、相手の負担になってしまうから、なるべく避けなければ……」

「忙しい相手の迷惑になるのではないか」

察しのいいAさんはそのように考えて、いつも相談するのを後回しにしてしまいます。とりあえず自分で解決策を考えて、進められるだけ仕事を進めていくのです。

Aさんの会社では、社員のスケジュールがウェブ・カレンダーで確認できるのですが、相談する時間を確保しようと先輩の予定を確認すると、会議や予定が隙間なく詰まっています。こうなると、

「やっぱり忙しそうだ。割いてもらう時間はないだろう……」

と考え、先輩に助けを求めることをあきらめてしまいます。

そうしているうちにも、仕事の期日が近づいてきます。恐る恐る先輩に自分がやった仕事を確認してもらうと、「どうしてもっと早く相談してくれなかったの？　初期段階で聞いてくれたらよかったのに……」。

日本人には「頼ることへの苦手意識」がある？

誰であっても、人を頼る時、なんとなく情けない気持ちになるのは当然です。

自分としては頑張っているし、きちんと目の前の仕事を仕上げたいと思っている、また、達成したいと思っている目標もある。なのに、それができない、思い通りにならない、工数の見積もりが甘かった、時間内に終わらない、予想外の障害があった、とにかくうまくいかない……。そんな時に、大威張りで人に相談することができるものでしょうか？　自分の非力を感じ、自己肯定感が下がり、弱音を吐きたい気持ちを見せないようにするなど、困っている時ほど自分からはなかなか誰かに相談できないのではないでしょうか。

一般的に、長期的な目標達成に必要なのは、「人とともに前に進み、成し遂げる」ということでしょう。ところが国内の調査研究からも、**援助が必要な人ほど支援を要請しない**ということが明らかになっています。[1]　一方で、個人が「受援の機会を活用しようとする姿勢」を育《はぐく》み、「受援に対するためらいと抵抗」を弱めるためにはどのような認識が必要なのか、様々な研究も進められています。[2]　具体的な話を始める前に、ここで「受援力」の基本を確認しておきましょう。

受援力とは、内閣府（防災担当）が「ボランティアを地域で受け入れるためのキーワード」として2010年にパンフレットを作成し、紹介したもので、東日本大震災後に広まり始めました。[3] メンタルヘルスの分野においては、help-seeking behavior や consulting behavior ――「援助要請行動」「援助希求行動」と呼ばれているものがあり、それに近い概念です。

もう少し噛《か》み砕いた表現として、「困っている人が他の人に直接助けを求めることができる力」とも定義されています。[4]

受援力について考える際の重要なトピックも押さえておきましょう。まず、受援行動を取ることを難しくするものとして、

・「自己責任」という現在の社会的風潮。人に迷惑をかけることを「恥」だと思う文化
・自暴自棄な気持ち。自己価値感の低下[5]
・支援を要請すると自尊心が傷つき、自分の無能力さを恥ずかしいと思うなどの心理的犠牲や損失を伴うこと[6]
・支援を求める側が人間関係で一段低い位置に置かれると感じること[7]

などが影響することがわかっています。

一方で、受援力の影響として、

- **個人の幸福感や健康状態を向上させること**[8]
- **ソーシャル・キャピタル（人間関係資本）の構築につながること**[9]
- **援助を受けた体験が人間への信頼、コミュニティへの信頼、社会的な紐帯《ちゅうたい》（結びつき）形成を促すこと**[10]

など、頼ることの個人や社会におけるメリットについても明らかになっています。

私たちの中にある「受援力」

ここで、読者の皆さんの受援力（頼るスキル）について考えてみましょう。まずは次の2つの問いに答えてみてください。

- **皆さんが、最後に「人に頼った」のは、いつのことか覚えていますか？**
- **皆さんの「人に助けてもらった」記憶のうち、いちばん古いのはいつのものでしょうか？**

自分が誰かに依存し、世話をしてもらっていた頃のことを思い出すのはなかなか難しいかもしれません。小さい頃は当たり前のように周りの人から力を貸してもらっていたのに、大人になるにつれていつのまにか、まるで生まれた時からすべて自分の力で成し遂げ、生きてきたかのような錯覚をしてしまうのです。

私が子育てをしていて気づいたのは、誰もが赤ちゃんの時代を経て大人になっていくということ。そして、子どもは当たり前のように受援力を持っているということです。

赤ちゃんは遠慮しませんし、育ててもらうことを当然のように受け入れます。育てる側が着替えさせ、食べさせ、快適な状態にしてくれると喜び、満足し、笑顔になる。それに対して育てる側も喜びを感じます。頼る側も頼られる側も満足感を得る、いわばＷＩＮ・ＷＩＮの関係です。

「困った時に人に助けを求めること」「厚意を素直に受け取ること」など、大人になった今ではハードルが高いと思われるこれらのアクションが、幼い頃は誰もが自然にできていました。もともと誰にでも本能として受援力が備わっていたのに、いつしかその力が生活の表面上からは隠れてしまっているのです。

もちろん、頼るスキルが隠れてしまったとしても、それは不要になったからではありません。私たちは記憶がないくらい幼い時から受援力を持ち、発揮し、役立てた経験を持っているのですから、必要な時が来たら受援力を引き出し、使うことができるはずです。力が失われたわけではなく、ただ単に忘れているだけなのです。

仕事の場面で誰かに頼ることで、お互いＷＩＮ‐ＷＩＮの関係を形成できる――と言うと「本当だろうか？」と思う人もいるかもしれません。

でも実際に、自分が頼ることで、相手の自己肯定感が向上し、心身の健康状態が良くなるのです。これは、「人を助ける行為やボランティア活動が健康状態を向上させ、寿命を延ばす」などの医学的研究からも明らかになっています[11]。

そもそも「頼る」ことは「つながる」ことであり、「受援力は受縁力」とも言えます。相談することで、ネットワークを広げるチャンスになり、人間関係が広がり、深まるきっかけとなる――後で詳述しますが、私にこのことを教えてくれたのは、アジアやアフリカからボストンに来ていた留学生の友人たちでした。

弱音を吐き、自分の弱みやできないことをさらけ出すのは、時として恥ずかしく情けなく心細い状態になるかもしれません。しかし、そのリスクを冒してでも相談することは相手に対する信頼の証《あかし》となり、お互いのことを知り合うきっかけにもなります。

このように、**受援力を使って、誰かに頼ることは、お互いにとってメリットがあり、社会的な行動になる**という事実を、まず自分自身が認識することが大切です。また、これから社会に出る人たちにこの受援力を伝えていくことこそが、社会性を学ばせるうえでの基本とな

なぜ今「受援力」が必要？

①すべて自分でやろうとすると孤立の悪循環が生まれる

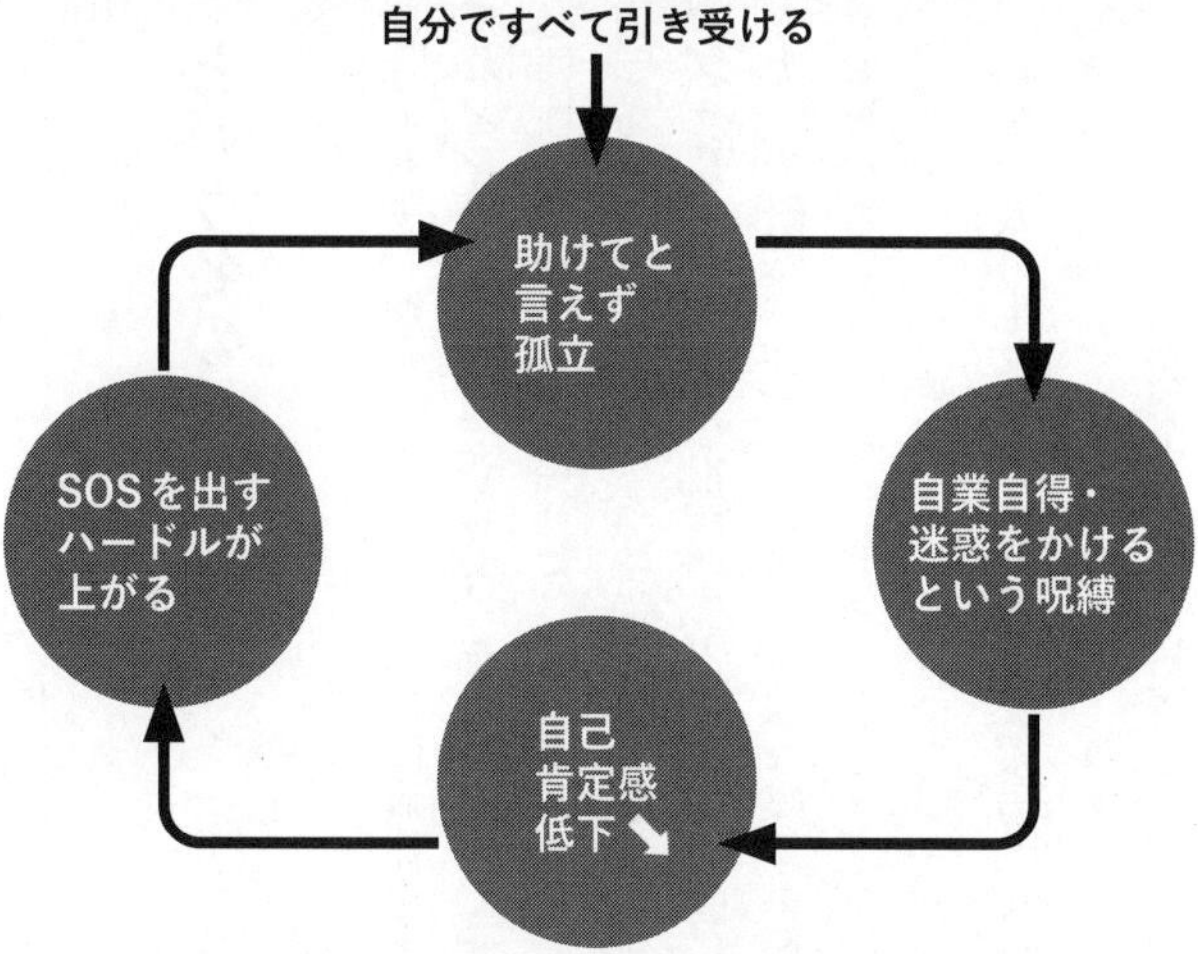

②「頼る」ことは、「つながる」ことだから

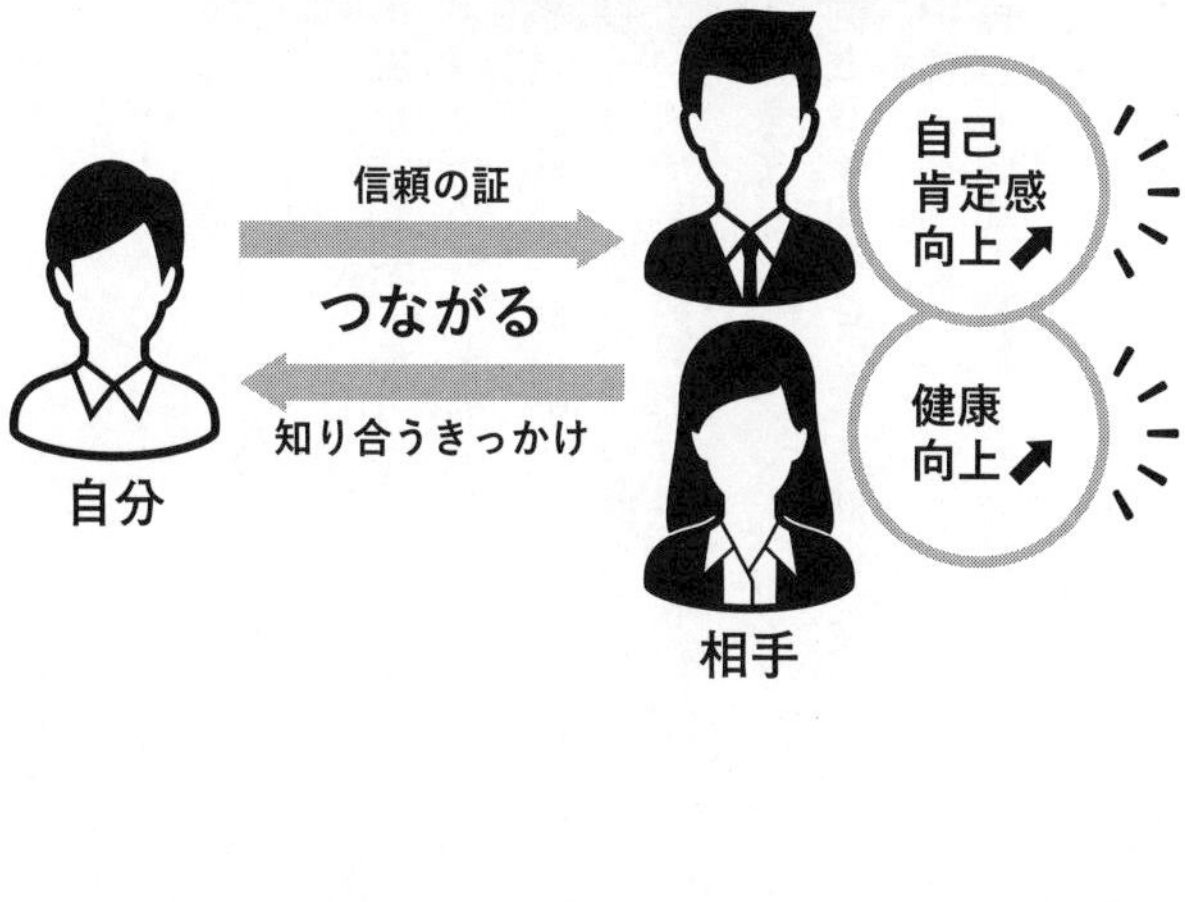

るでしょう。

「頼る」という名の社会貢献

「はじめに」でも少し触れたように、私は医療従事者としての過重労働や、海外での貧困生活、子育てなどを通じて、他者に助けを求め、快くサポートを受け止めることの難しさと、受援力の必要性を痛感しました。そして、もっと辛《つら》い状態にいて、声を上げられない人にこの「受援力」を発揮してもらうために、自分の中の受援力の見つけ方・磨き方、受援力を高めるボキャブラリー、受援力を発揮することで周囲にもたらす良い効果について様々な研究をし、セミナーや研修、メディアなど多様な媒体を通して伝えてきました。

受援力を理解するには、「それがないとどうなるか」を事例として知ることも手助けになります。

そこで、私が個人の生きる力として「受援力」を見直した時のエピソードをここで詳しく紹介しておきます。

2011年の東日本大震災で産婦人科医として妊産婦や新生児の救護に携わった際、私は、支援を受けることを遠慮し、みじめに感じている被災者の方々を見て、「自分が助けられてよいのだということを肯定しないと、いくら周囲が支援の手を差し伸べても助けることができない」と、歯がゆい思いをしたのです。

そんな私自身も前述のように、災害後の時間が経つにつれて移り変わっていく支援内容とその規模の広がりに、プロジェクト・マネジメントの能力が追い付かず、燃え尽きてしまいました。鬱々《うつうつ》とした状態の中でも助けを求められず、自分を追い込んでしまったその失敗体験を振り返り、「あまりにも自分が疲弊してしまうと、こんな大変な仕事を誰かに任せるのは申し訳ないと感じ、〝辛くなっても最後までやり遂げなければ〟〝自分が始めた責任がある〟と考えてしまった」「自分に余裕がないと、引き継ぎや説明が負担になり、ますます頼めなくなる」「自分がいくら情熱を持っていても、一人で切り盛りしていると、必ずどこかで限界が来る」ということに気づきました。

自分が人に頼れずパンクした経験から感じたことを整理すると、次のようになります。

・同じ人でも状況が複雑かつ難しくなればなるほど「受援力」を発揮できない。いつでも頼れるような心の備えが必要

・私もまだまだ「受援力」が足りなかった。小さなお願い事ならできても、大きなお願い事

をするのには大きな「頼る力」の筋力が要る。筋力トレーニングのためにも、「とことん困ったら頼む」「どうしてもできなかったら頼む」のではなく、小さな困りごとのうちに、小さなお願い事から気軽に頼めるようにしておく

・小さなストレスには強くても、大きすぎるストレスがかかると誰だってうつ状態になることがある。うつ状態になる人や、自殺を考える人は特別な人ではない。大きすぎるストレスで折れそうな人が救われるには、「自分は頼ってもいいのだ」「助けたい人が周りで待っているかもしれない」という受援力マインドを日ごろから作っておくことが必要だ。そうでないと、いざという時に使えない

・人間には当然ながら、限界というものがある。「ほかの人はできているのに、自分はできないのは情けない」と思ったとしても、「ほかの人ができているなら、できている人に任せ、その人から教えてもらおう。そしてほかの人にも伝えよう」という発想に変えるのが良い

これらは「レジリエンス」とも相関するものです。レジリエンスについては第3章で詳しく触れますが、「脅威や困難などの状況下においても、うまく適応する過程・能力・結果」[12][13]のことです。心をしなやかに保ち、燃え尽き症候群や抑うつから人を救うキーワードであ

り、災害が起きた時の被災地支援活動の場でもよく使われます。そのような現場は、ともすれば、

「支援する人＝能力がある人」
「支援される人＝能力がない人・助けてあげなければいけない人」

という上下関係を生み出しがちです。でも、助けられる人はいつも能力が低い状態の人なのかといえば、そうではありません。人は、状況、時期、健康状態などによって、支援が必要となったり必要ではなくなったりします。また、ある面では弱みであっても、時と場合によっては強みになることもありますし、別の強みを持っている場合もあります。つまり、弱みや強み、というのは入れ替わるものなのです。人の強み・弱みは一人ひとり違い、その多様性があるからこそ私たちは全体として強いのです。

それなのに、支援する側の立場の人が支援を受ける相手に対して無意識にでも優越感を覚えてしまうと、支援される人だけでなく、実は支援する人自身の受援力の発揮をも妨げる原因になります。**支援する相手のことを弱い人だと思っていると、いざ自分が困った時に、助けられる側、つまり逆の立場となることができず、助けを求めることに抵抗を感じてしまうのです。**

私たちは小学校の頃から、「人助けをしましょう」「困っている人がいたら力になってあげ

ましょう」と教えられてきました。人を助けるためには、困っている人に手を貸せばいいのですから、行動としてはシンプルです。

でも、自分が困っている時に「わかりません」「できません」と言えるでしょうか。困った時には助けを求めようということや、助けを求めるためのノウハウ、「うまい助けられ方」「助けられ上手になる方法」などは習ったことがありませんし、とっさに思いつくものでもありません。

しかも、周囲の人を見ていると、何でも自分できちんとしっかりこなして生きて（働いて）いるように見えるものです。すると、頼るということが、何か悪いことで恥ずかしいことのように思え、誰かの手を借りることに、負い目や抵抗感を覚えてしまいます。だからこそ、「困ったことがあったら気持ちよく頼る」「相手に迷惑をかけていると捉《とら》えない」ための訓練（受援力トレーニング）が必要なのです。

「頼り合う」ことを肯定する

「人に助けてもらう経験」は、自分自身を「人助け上手」にすることにもつながります。

自分が人助けをしていい気持ちになり、相手に対して優越感を覚えているばかりでは、逆の立場になろうとは思いません。でも、人から助けられる経験をすると、自分も人助けをしたいと思い、同じように困っている人の存在に気づきやすくなり、手を貸せるようになるのです。

なぜかというと、自分が助けてもらった経験を通して、自分に限界があることを知ると同時に、誰にでも限界というものがあることが理解できるようになるからです。すると、誰かが困っているのを知ると、自然と手を貸す気持ちになります。自分が助けられることで謙虚になり、人の優しさや自分の人間関係資本（ソーシャル・キャピタル／後述）に気づくことができるのです。

私たちのＤＮＡに埋め込まれている〝利己的な遺伝子〟は、利他的行為をするようプログラミングされています[14]。利己的な行動だけでは種が存続しません。種が生き延びられるよう、他者の役に立ちたい気持ちを誰もが持っているのです。

人の役に立ちたい気持ちを持つ人ばかり集まっても、助ける相手がいなければ「人の役に立ちたい」「人に喜ばれたい」「感謝されたい」という気持ちが満たされません。**助けられる人は弱い人なのではなく、人に頼ることができる強い人で、周囲の人の強みや良さを引き出す重要な存在**とも言えるのです。

支え合うためにはまず支えられ、今度は自分が支えに行く。この順番で支え合いのサイクルが回ると考えれば、ＳＯＳを出すことへのハードルが低くなるかもしれません。

自分がＳＯＳを出すことで、喜んで手伝ってくれる人が必ずいる。うまくＳＯＳを出せば、人助けをしたい気持ちを満たすことができる。相手も自己肯定感が上がり、力を発揮でき、元気になる――そんな風にポジティブな捉え方をしてみると、頼ることについての、新たな価値が見えてくるのではないでしょうか。

それに、自分が弱音を吐くことで、多様な人が共に生きやすい社会が作られます。他の困っている人も声を上げやすくなります。「できる」「わかる」は一つの基準かもしれませんが、「できない」の内容は一人ひとり違います。その多様性を認めることこそ、社会のしなやかさ――レジリエンスにつながるのです。

震災時の医療ボランティアを通して、人に迷惑をかけまいと自分だけで問題を解決しようとし、孤独を抱え、ふさぎ込んでいく人々を見るにつけ、日本では他人に助けを求めない、というよりは、助けを求めることを否定し、抵抗を感じる文化があるのではないかと思いあたりました。

「忍耐＝美徳」というよりも、「我慢できない＝恥」と教えられていて、いつのまにか、自分で自分や家庭を守れないのは「失格だ」と思い込んでいるのではないでしょうか。真面目で努力家の人ほど、自分で自分を追い詰めてしまいがちです。

一方的に「助けを求めている」とだけ考えると「申し訳ない……」と遠慮してしまいそうになりますが、人に頼ることと、人に迷惑をかけるということとは全く違います。力になってもらった後、相手に感謝する、喜ぶ、など、モノでは代わりにならない心という大きな価値を与えることができれば、WIN‐WINの関係になりえます。そして、人の力を借りた分、頑張ろう、恩返しをしようと努力すれば、今度は頼ってもらえるようになり、誠実さと善意の良い循環を生み出すことになるのです。そのためにも、「上手に助けを求める＋たっぷり感謝する＋大いに喜ぶ」をセットにして、双方向性の「頼り合い」を、あなたから始めてみませんか？

なぜ仕事で「頼るスキル」が必要なのか

仕事の「レベル」を上げるために

成人発達理論の分野では、他者や環境からの支援によって発揮できる能力が身についてから、支援なしに発揮できる能力レベルに移行することがわかっています。より簡単に言うと、「支援によってできる」ようになった後に、「一人でできる」ようになるという流れです。

　例えば、子どもが自転車に乗れるようになるのも、同じです。最初は自転車を支えてもらい、押してもらいながら乗れるようになり、上達し、その後、自主練習で定着させ、どんどん乗れるようになる——この逆はありません。

　一見、ごく当たり前のように聞こえるかもしれませんが、**支援によって学ぶことが、自分一人でできることに先行するのです**。そして教えてもらうことのレベルを高め続けると、自分が発揮できる能力も高めることができます[15]。

　自分が現状でできることに満足せず、コンフォート・ゾーン（安住して努力せずにいられる状態）から一歩踏み出すことで、自分でできるようになる。年齢を重ねるにつれ、自分が知らないこと、学ぶことのレベルが上がりますから、自分が発揮できる能力も上がるというわけです。つまり、大人だからこそ、他者に頼り、他者から学ぶことで、より大きな可能性を広げることができるのです。

　頼ることを通して「他者から学ぶ」のはとても大切なことです。子どもの時にできるようになった基本的なことと、大人になってからできるようになったこと、チャレンジしたことの、どちらが面白く感じられますか？　大人だからこそ、助けられ、成長することは、とても楽しい学びになるはずです。そう考えると、大人になってから学ぶこと、新たに何かをできるようになることは、なんて楽しいのでしょう。

小学生で九九を習った、その時はそれが精一杯でした。しかし大人になれば、もっと高度な知識をインプットし、スキルを学び、成長することができます。子どもの時の成長と比べ、成長の幅がぐっと広がり、多様な能力を身につけることもできます。

ですから、大人になってから学ぶためにも、自分ができないことを見つけ、できるようになるために、人や物の力を借りるのです。

仕事の「幅」を広げるために

社会に出て働き始めた頃の皆さんは、どのようにして仕事を身につけていったのでしょうか。また、どのようにして仕事の幅を広げていっているのでしょうか。

一つのスキルを身につけたら、今度はできることの幅を広げる必要があります。

アメリカ第34代大統領であるドワイト・D・アイゼンハワーの仕事のやり方はとても参考になる例です。以前、偉業を成し遂げた人はどのようにして仕事をしていたかを調べてみたことがあるのですが、「10人分くらいの仕事をした」ともいわれるアイゼンハワーの時間管理術では、「権限委譲」がキーワードとして登場しました。

次ページにある図は、「アイゼンハワー・マトリクス」としてよく紹介されるもので、仕事を「重要度」と「緊急度」の2つの尺度で分け、4象限のどこに位置するかを見るものです。アイゼンハワーの言葉とされている「重要なことで緊急なことはめったになく、緊急なことで重要なことはめったにない（What is important is seldom urgent and what is urgent is seldom important.）」を構成図にしたものです。

この図ではよく、「重要で、緊急ではない仕事（右上）をいつやるか決めよう」、「重要でもなく、緊急でもない仕事（右下）はやらないようにしよう」といった教訓を導き出すのに使われていますが、もう一つ、忘れてはいけないのは、左下です。

重要ではないが、緊急な仕事は権限委譲（Delegate）せよ、つまり、この部分こそ誰かに頼り、仕事を任せよということです。

その仕事を、自分よりもっと上手にできる人はいませんか？**「手伝ってもらうことで、自分は自分にしかできないことに注力する」ことで仕事の規模を拡大し、自分の仕事の幅を広げていく**のです。どんな仕事も「経験すればすべて独力でできる」という考え方をしていると、それは自分の成長する範囲を狭め、チャンスを失うことにつながりかねません。独力でできるという感覚は、時に過信となり、他の人の仕事に助けられ学ぶことの機会損失になってしまうのです。

アイゼンハワー・マトリクス

	緊急	緊急ではない
重要	重要かつ緊急	重要だが緊急ではない
重要ではない	重要ではないが緊急	重要でも緊急でもない

仕事の幅を　広げるには

	緊急	緊急ではない
重要	重要かつ緊急 **DO** すぐにやる	重要だが緊急ではない **DECIDE** いつやるか決める
重要ではない	重要ではないが緊急 **DELEGATE** 誰かに頼る、 あるいは任せる	重要でも緊急でもない **DELETE** 削除する

「逆境」こそ「受援力」を発揮するチャンス？

２０２０年からはとくに、新型コロナウイルスの影響により、生活も経済も、閉塞《へいそく》的な状況が続きました。ただこうした逆境も、見方を変えればある意味ではチャンスにも転換することができます。

現在の日本の消費・生産の中心となる第二次ベビーブーマーたちが社会に出はじめた当時、日本全体は「バブル」と呼ばれた時代で、夢があり、いわば〝順境〟の時代でした。順境であればあるほど、「うまくいって当たり前」「成功も失敗も自己責任」という意識が根付くため、助けを求められない心理状態になりました。

一方、〝逆境〟といわれる現代では、皆が被災者ともいえる状態ですので、受援力を発揮して、助けを求めやすくなってもいいはずです。ところが「自己責任」の面が強調されているために受援力が発揮しにくくなっているように思えます。ＳＮＳの広がりに伴って「成功者」の存在に強くフォーカスしすぎていないでしょうか？　個人で発信できるツールが整ったことで、個人にスポットライトが当たるあまり、「個人としての才能」に目を向けがちになっていないでしょうか？　私たち自身で成功者・失敗者という格差を作り、その結果、自分で自分の首を絞めることにはなっていないでしょうか？

成功には個人の能力が必要だと思われがちですので、成功しなければそれは自己責任で、自分の能力がないからだと自分を責めるような気持ちになってしまうかもしれません。でも、よく考えてみてください。「成功」の定義は一人ひとり、そして時代によって違います。また、一人で成功できた人はいません。必ず誰かの力を借りることで、その人の能力を発揮してきたのです。その人の成功の秘訣《ひけつ》は、個人としての能力ではなく、チームとしての能力、達成力、巻き込み力でもあったはずです。そして今、本当に必要なのは、チームワークを作る「仕事現場での受援力（頼るスキル）」です。

誰もがコロナ禍という同じ災害を経験し、誰もが災害に遭った被災者となり、支援がないと生きられないと大きな声で言えるようになりました。そんなときこそ、「受援力」を磨くチャンスです。

順境でも逆境でも結局のところ、私たちは皆、老いていきます。老いて様々な認知能力が衰えるだけでなく、一人では生きていけなくなるのです。私たちに必要なのはそれを理解して、順境でも逆境でも戦略的に生き抜き、周りを幸せにしつつ周りに助けてもらう力です。

だからこそ、仕事の現場ではとくに「頼る」ことを前向きに捉えることが必要になってきます。頼ることでネットワークを作る。オープンなコミュニケーションで弱みをさらけ出す。周りに頼る自分を許す。トラブルの原因が自分だったとしても、困った時は助けを求めていい。これは自分のためではなく、長い目で見れば「みんなのため」なのだ。100年後、200年後に生きる人たちが弱音を吐きやすく、頼りやすい土壌を作ることなのだ。だから、まず自分が頼り上手になろう——と捉え直してください。そうすることで、自分のパフォーマンスも上がり、ひいてはチーム（周囲の人や勤務先など）全体のパフォーマンスもぐっと上がるはずです。

「素直に学ぶ」ということ

人に頼ることは、つながることであると同時に、その人から学ぶことでもあります。

私がかつて勤務していた研究機関は、厚生労働省ほか保健医療福祉全域にまたがる研究を担うだけでなく、教育機関の役割も果たしていましたので、全国から自治体従事者が研修を受けに来ていました。今でいうリカレント教育、大人の学び直しの機会を提供していたのです。そこで私は、普段は自治体職員として行政の中で働いている方々が、寮生活を送り、机を並べて学び合う姿を見て、「大人だからこそ他者から学ぶことに価値がある」「大人だからこそ多くのものを学び合える」ということを強く感じました。「成人学習」という教育手法が確立されていて、大人は児童や学生とは違う学び方があるということを、この職場で学んだのです。

小中高校生の時には、正解があり、それに向かってひたすら勉強をします。唯一絶対の解があり、それを丸暗記するような勉強法です。しかし、社会に出て働き始めると、絶対的で唯一無二の正解はありません。むしろ、正解がない課題のほうが多いでしょう。

そんな時、「正解がない」と途方に暮れるのではなく、「正解が幾通りもある」と考え、「自分の今の状況にとっての最適解を選ぶ」――そのために複数の解決法を学び、状況に合わせてそれらを〝出し入れ〟できるような力を身につける。これが成人学習です。

研修の場で、当時の上司が研修生に対して話していたことが今でも印象に残っています。その研修コースには、医師、技師、管理栄養士などの専門職も学びに来ます。また、学びに来る中堅層の職員は、自分の仕事や資格に誇りを持っています。そんな彼らに向かって上司は、「ここに来たら医師（または技師、管理栄養士）という資格や自分のキャリアは忘れなさい」と伝えたのです。

とても驚きましたが、自分のアイデンティティである専門資格や肩書を外し、謙虚に、何者でもない「自分」として学ぶことの大切さを伝えているんだな、と理解しました。そしてまた、これはまさにアンラーニング（学んできた知識を捨て、新しく学び直すこと）のプロセスであると思いました。

自分の積み重ねてきた、成功体験に基づく流儀を捨てることはなかなか難しいかもしれません。しかし、それまでに積み重ねた経験は、新しい情報や新しいやり方を拒む要因となりやすいものです。

成長していくためには、知識をアンインストールしながら、自分が学ぶ姿勢を持つことがとても重要なポイントになるのではないでしょうか。

その問題は「頼るスキル」で解決できる

ここまでで一通り、「受援力（頼るスキル）」の概略とその重要性を押さえていただけたでしょうか。ここで、読者の皆さん自身に、今現在の「受援力（頼るスキル）」がどれくらいあるか、簡単なチェックをしてみましょう。

自分の「受援力」をチェック

あなたは、次ページのチェックシートにある「A」と「B」のパターンでは、どちらのほうに多くチェックがつくでしょうか？

日ごろ何気なく使っている口癖や、思考パターン、行動パターンを思い出しながら、近い

受援力チェック表

質問	A	✓	✓	B
1）頼る場面での口癖	人に何かを相談しようとする時は「申し訳ありません」「すみません」と言う			人に何かを相談しようとする時は「いつもありがとうね」と言う
2）頼ることを恥と感じるか	人に相談をする時、どうしても「自分一人でできないのは恥ずかしい、情けない」と思う			自分一人でできなくても、人の力を借りることでうまくいくなら、そのほうが良いと思う。むしろ抱え込んで対応できないほうが恥ずかしい
3）頼る相手がどう思うと考えるか	人に相談するのは、相手に迷惑がかかること、相手から嫌われる行為だと思う			人を頼ることは相手への信頼や尊敬を表すこと。人に相談をすると、頼られた相手もうれしいと思う
4）頼る行動が他人からどう評価されるか	他人任せ、無責任、と非難される気がする			自力でも頑張りつつ、たくさんの力を集め、やりくりする能力が高いとほめられる
5）どんな場面で頼るか	自分がとことん困った時でないと、人に頼めない。どこまで困った状況になれば頼っていいのかわからない			「困った」ということに気づくのが大事。初期段階でとりあえず誰かに相談する

あなたは「A」と「B」、どちらのほうに近いですか？

な、と思うほうにチェックマークをつけてみてください。

いかがですか？　5つの設問に答えていく過程で、自分の受援力をある程度可視化することができたのではないかと思います。これらのチェック項目はもちろん、受援力の一部を切り取ったものにすぎません。正解も不正解も点数による評価もありませんし、「A、Bのどっちのほうがいい」といったことを言いたいわけでもありません。

＊　＊　＊

ただし、チェックすることを通して「自分はAのように考えがちだな」「でも、Bのように考える選択肢もあるのだな」ということを認識してもらいたかったのです。

そして、あなたがもし、これから社会に出ていくにあたって不安を抱えた若者を送り出す立場にあるのであれば、世の中に「B」のような考え方があるということを伝えてあげてください。「社会の荒波を乗り越えて、幸せな人生をつかんでいってほしい」と応援する立場の人が、「A」のようにSOSを出すことについて否定的に考えていたら、若者が辛い立場に立たされた時に、誰かに助けを求めることが難しくなってしまうからです。

自分から頼った経験がない人は、困っている人を見ても、「何を甘えているんだ」「どうして頼るんだ」と考えてしまい、困っている人の気持ちを理解することができず、助けようという気持ちがわいてきません。そうして、皆が「自己責任」という言葉のもとに「自分ですべてを引き受け続ける」ということになり、不寛容な社会の中で〝助けて〟と言えないまま孤立していくことになってしまいます。ですから、「B」のように頼ることをデフォルトにするほうが生きやすいのです。

受援力の「ところ変われば品変わる」

私が結婚したての頃、働きながら家事をしている中で、疲れ切って、自分ではどうにも手が回らなくなることがあっても、「誰だってしていることだから」「できないのは自分がまだまだ未熟だから」「できるのが当たり前」と自分で自分を戒め、身近な家族にさえ愚痴を言ってはいけないような雰囲気を感じていたことがありました。

ところが、海外で暮らした時に、「人に相談すること」に対する発想の逆転が起こったのです。ドイツで第一子を妊娠・出産した時は、人に頼ることのほうが好意を持って受け止められましたし、イギリス、アメリカで妊娠・出産・子育てをする間は常に、前掲の図表でいう「B」の感覚が当たり前のように受け止められる風土があり、気持ちが楽になったのを覚えています。

子どもが生まれる前は私も「頼ること」に対してずっとネガティブな捉え方をしていました。「一人でできないなんて、情けない」「恥ずかしい」とさえ思っていたのです。でも、

私が暮らしていた海外では、頼らないと周りの人に悲しまれ、相談しないと怒られました。困っていることを打ち明けないとむしろ、関係が悪化します。ところ変われば品変わるとはいいますが、「頼るのが当たり前」であり「頼ることがコミュニケーション」になっていたのです。そして、それらの国で暮らしていく中で、助け合いの感覚を持っているほうが楽であることに気がつきました。

例えば、「頼ることは新しいネットワーク作りだよ」「あなたがハッピーなら家族もハッピーなのだから」と、態度で示してくれたのは、私の初めての出産をサポートしてくれたドイツ人のレナーテさんという助産師さんでした。彼女は毎日毎日家庭訪問してくれて、どんな小さなことでも相談すると、喜んで手助けしてくれたので、私はすごく気が楽になりました。「頼ることは会話のきっかけ作りだよ」と教えてくれたのは、ボストン留学時代の同級生たちでした。私は3人の子どもを保育園に送り迎えしながら、新たに学ぶ内容に全くついていけず、必死になって勉強していました。そんな時に、同級生たちがテストやレポートのことなど、ちょっとしたことでも私に質問してくれたのです。そのおかげで会話のきっかけが生まれ、こんな私でも頼ってくれるんだ、こんなことを聞いてもいいんだ、私が一人で落ちこぼれているわけではないんだと心が軽くなったのを覚えています。

そこには、自分のせいだろうがそうでなかろうが、困っていたら助けを求めていいというゆるぎない雰囲気がありました。日本人は謙虚で遠慮がちでなかなか頼れないところもありますが、頼り合ったほうがもっと大きなことができますし、お互いに楽になるのです。

私は日本に帰ってからは、私を助けてくれた雰囲気について、ことあるごとにお伝えしていきました。この「雰囲気」が生まれるのは、それぞれの国の文化、宗教、政治、社会システムなど、様々な理由があるのだとは思いますが、自分が賛成できるかどうかは別として、前掲表の「B」のような捉え方があり、こういう考え方が当たり前の国があるということを覚えておいてください。それだけでも、頼ることに対するイメージが変わり、自分の「当たり前」「常識」がすべてではないということに気づけるはずです。そして、どちらが居心地がいいのか、人と心理的安全性を築けるのかという観点から、行動を自分で選ぶことができます。さて、皆さんは「A」と「B」のどちらのほうが楽だと感じますか？

「頼り合える社会」が必要な切実な理由

私がこれまでに臨床現場、教育現場、講演やセミナーでお会いしたほとんどの方は「なかなか頼れない」と感じる人のほうが多いですし、読者の皆さん自身もそうだと思います。しかし、そんな文化の中にいるがゆえに、誰にも頼ることができず、孤立し、結果的に自殺にまで追い込まれてしまう人もいることは事実です。

コロナ禍の影響もあり、いろいろな困難を自分ですべて引き受けてしまって孤立してしまう人がじわじわ増えています。これは大人ばかりではなく、子どもにも当てはまることです。

今は子どもの自殺が増えており、警察庁の統計によれば２０２０年の小学生、中学生、高校生の自殺者数は前年よりも１００人増え、４９９人となりました。２０２２年は５１４人となり、初めて５００人台になっています。「困っているのに誰にも頼れない」「助けてと言えない」子どもが増えています。しかもこの数字は、氷山の一角ともいえるものです。

皆さんが子どもたちに、失敗してもやり直せる、と言ってあげるためにはどうしたらいいでしょうか？　一人で辛い気持ちを抱え込むのではなく、頼れる人がたくさんいるから、まずは辛い気持ちを吐き出してほしいと伝えるためには、どうすればいいのでしょうか？

子どもたちに、「周りの人に頼っていい」と伝えたい――でも、自分たちは周りを頼っているのでしょうか。子どもたちのことになれば「困ったら『助けて』と言っていい」と思うのに、どうして、大人である自分自身は「頼ってはいけない」と思ってしまうのでしょうか。大人だからでしょうか？　その理由はどこにあるのでしょう。

子どもたちが助けを求められるかどうかは、私たち大人自身が助けを求めることができるかどうか、助けてくれる人とつながる体験をいかに多く重ねるか、その良さを自分自身がいかに強く実感できるか、にかかっています。

近年、不登校が急増し、2021年の文部科学省の調査では、2020年度に30日以上登校せず「不登校」とみなされた小中学生は前年度より8・2％増え、19万6127人（2021年9月末時点のデータ）の児童生徒が学校に行けない状態にあることが明らかになりました。2022年度にはさらに増えて、29万9048人になっています。

私の子どもの1人もコロナ禍の2021年の9月から学校に行きたくないと言って、ずっとお休みをしています。閉じこもる子どもの様子に胸を痛めると同時に、私は、不登校児が増えているというニュースに敏感になりました。

これまではあまり気にとめていませんでしたが、自分の子の不登校をきっかけに、「子どもの世界でも、困っているのに相談できない、友達にも先生にも相談できていない子がたくさんいる」ということに気づいたのです。「不」という字がつくと、不振、不満、不妊と同じくネガティブな響きを持ちますが、そのように捉える社会が、才能を伸ばすべき力のある子どもを欠格者のように扱い、子どもがトラウマになっても、PTSDになっても、その存在を否定することで、古い体質を守ろうとしてはいないでしょうか。不登校児がまだ少数派なのでそれでよいとされているのかもしれませんが、主体性を持ち自ら考える人を必要とするこれからの時代に、このやり方でいいのか――と、人育ての根本的な部分についても考えさせられました。

頼ることは人とつながることであり、あなただから頼りたい、あなただから相談するんだというメッセージは、相手に対する信頼の証《あかし》でもあるはずで、子どもならなおさら頼りたいことがあって当たり前です。

「できなくてもいい」「学校でいやなことがあったら人に言えばいい」「したくないことがあるならしたくないと話していい」のです。お互いの弱みをさらせば、お互いの得意不得意がわかります。頼ることで相手も自信がつき、社会で人と一緒に過ごしていく経験にもなります。それを学べるような場が必要で、子ども時代にこそ、受援力の土壌をたがやす必要があるのです。

統計上明らかになっていることですが、日本において、例えば2021年の年代別の死因を男女別にみると、男性では10～44歳、女性は10～34歳で死因の第1位が自殺となっています。また、先進国（G7）の中では日本でのみ、若い世代の死因第1位が自殺となっており、貴重な命が失われているのです。

若い人たちは、もしかしたら、人に頼る方法を学んだことがないのかもしれません。子どもが頼り方や甘え方を知らないままだと、大人よりも簡単なきっかけで、命を落とすことだってあります。子どもを育てる世代、子どもと接する世代はとくに、自ら受援力を体現してお手本を示す必要があります。**子どもたちが誰にも相談できずに亡くなる前に、大人自らが**

頼ることを肯定する姿を見せ、ロールモデルになるのです。

私はにっちもさっちも行かなくなった時こそ、将来、子どもたち世代が受援力を発揮してほしい、困った時は人に相談してほしいという思いから、自ら先達《せんだつ》となるつもりで人に相談するようにしています。

孤独と孤立

孤独・孤立については近年、日本だけでなく世界各国でも課題になっています。2023年11月にはWHOが新たな委員会である「WHO Commission on Social Connection（WHO社会的つながりに関する委員会）」の設置を発表し、2024年から2026年までの3年間、孤独・孤立の問題は世界的な公衆衛生の優先課題であるとして、その解決に取り組むことを決定しました。その背景には、新型コロナによるパンデミックにより、貧富の差がさらに拡大し経済的困窮層が増加したことや、多くの社会的つながりが断たれたことで、世界的に孤立・孤独が社会課題となっていることが挙げられます。

WHOによれば高齢者の4人に1人が社会的孤立を経験しているとされますが、この問題を抱えるのは高齢者だけでなく、子どもや若者、働きざかりの中年層まで、老若男女を問いません。孤独感や社会的孤立は、鬱などの精神的健康問題だけでなく、認知症や脳卒中といった病気のリスクの上昇につながるほか、社会的活動への参加減少や自殺といった社会全体に影響を及ぼす問題です。

内閣官房が２０２２年に行った「人々のつながりに関する基礎調査」（満16歳以上の１万１２１８人が回答）の結果をみると、「ＵＣＬＡ孤独感尺度」に基づく孤独感スコア（孤独の状況に関する間接質問により数値化）において、孤独感が「常にある」と回答した人の割合は７・１％、「時々ある」が41・6％。「ほとんどない」は37・0％、「決してない」が13・5％となりました。「決してない」と回答した割合は、前年の18・5％から5ポイント縮小。また、「常にある」と「時々ある」を合わせた割合は、前年の43・4％から48・7％へと増加し、全体としては孤独感を覚える割合が増加していることがうかがえます。

また、不安や悩みを相談する相手の有無別に見た場合、孤独感が「常にある」と答えた人の割合は、相談相手がいる人では４・９％であるのに対し、いない人では25・9％であり、相談相手の有無が孤独感に与える影響の大きさがうかがえます（※以上、内閣官房孤独・対策担当室「孤独・孤立の実態把握に関する全国調査（令和4年人々のつながりに関する基礎調査）」より）。

こうした状況を踏まえて、日本では２０２１年2月に、英国に次いで世界で2番目となる「孤独・孤立対策担当大臣」が任命されました。また、内閣官房に孤独・孤立対策担当室を設置し、２０２３年に孤独・孤立対策推進法が公布され、２０２４年４月１日から施行されました。このように国を挙げて孤立を防ぐ取り組みが始まったことで、私たち国民一人ひとりが、できないことはできないと言い、周囲の助けを気持ちよく受け取り、人とつながることに対して前向きになる文化・風土が生まれれば、と期待しています。

先の見通しが立たない今のような激動の世界で、コロナ禍や不況の影響も重なり、誰もが孤独を抱え、孤立しやすい環境にあります。これまで、人に頼ることは軟弱なことで弱さの裏返しだとネガティブな印象を持たれていましたが、今は、頼れない人のほうが生きづらい時代です。ＳＯＳを出すことは弱いことではなく、自分のレジリエンス（しなやかさ・回復力）獲得と危機への対処法として最強の武器であり、自分が辛い状況を乗り越えるだけでなく、それを踏み台に成長し、いつか誰かを支えることにつながります。鈍感力、忘却力と同じように、「受援力」へのポジティブなイメージが根付けば、自分が支えられることが肯定され、孤立する人が減っていくのではないでしょうか。

孤独・孤立対策推進法が、社会の中で声を上げられずに一人で孤独・孤立を抱える人たちにもアプローチするためには、行政やＮＰＯ法人等の取り組みだけでなく、家庭、学校、会社といった身近なところからの受援力醸成が有効かもしれません。

「孤立・疎外感」が与える脳へのダメージ

頼り上手であることは、孤独という病に対する社会的処方箋《しょほうせん》でもあります。私たちが、個人レベル、家族レベル、友人レベルで、孤独に対して少しでもできることは何でしょうか。目を向けてもらえない、耳を傾けてもらえない、という孤独こそが人間にとって最も大きな痛みであると言ったのはマザー・テレサです。

マザー・テレサの言葉には「Loneliness and the feeling of being unwanted is the most terrible poverty.」（最も悲惨な貧困とは孤独であり、愛されていないと感じることです）というものがありますが、孤独を感じることは心の痛みであり欠乏状態なのです。

孤独の害は、前述のように心身の健康にまで及びます。UCL（University College London）のノリーナ・ハーツ名誉教授は、『なぜ私たちは「孤独」なのか』（ダイヤモンド社）という著書の中で、孤独が人の心身の健康に悪影響を与えると警鐘を鳴らしています。「職場では友達と呼べる人が1人もいない」「友達はテレビだ」と言い、孤独を感じる人たちは、心臓病やがん、認知症になりやすく、喫煙していなくても喫煙しているのと同じくらい身体にダメージが与えられるということがわかっているのです。

また、「孤独による、身体の痛み」については、科学的な実験によっても証明されてきました。どのような文化圏であっても、疎外感を覚えた時に「傷ついた」(hurt feelings) という身体的な表現をします。孤独や、無視されること、拒絶されることで、人間は「痛み」を感じるものですが、それを裏付ける決定的な研究が、サイエンス誌に掲載され、話題になったことがありました。

その研究では、無視される、あるいは対話に参加できないという状況で、「頭を強打された時と同じくらいの衝撃が脳内に起こっている」ということを証明するため、脳のＭＲＩでどこの部分が反応しているのかを調べたのです。すると、言葉のキャッチボールで見放されてしまった時の人の感情は、仕事で裏切られたり、正当に評価されなかったりした時の感情と似ており、人間関係断絶と肉体的痛みは脳に同じような神経学的打撃を与えることがわかりました。[16]

近年、都市化とテクノロジーの進化により孤独化・孤立化が進んでいます。また、新型コロナウイルス感染症の世界的流行が、接触のない生活、対話のない生活をもたらし、孤独がさらに深刻化しています。マスク生活、外出自粛、休校や在宅勤務、リモートワークと、生活様式が大きく変わり、多くの人が今もなお、人とつながる機会を失い、ちょっとした愚痴や立ち話ができずにいます。これまで以上にSOSを出しにくくなり、それが大きなストレスになっている人も多いのではないでしょうか。

気持ちが落ち込んで、いつもはできることができなくなったり、体調不良や心の不安を感じたりしながらも、「大変なのはみんな一緒」「自分より大変な人がいる」「自分だけが甘えていてはいけない……」と、一人で辛さを抱え込んでいませんか？

「自立」を強いられる人、「孤立」に直面する人、そして、その人たちを社会に送り出す立場の人、支援する人、皆がどうつながればいいのか。その適切な距離を測りかね、また、手段を模索している——そんな今だからこそ身につけたいのが「受援力」です。

バブル崩壊までの日本では、実力でのし上がるサクセスストーリーが脚光を浴びていましたが、その後は、「経済的に成功しても、人間的なつながりがなければ人生全体の成功とはいえない」という主旨の書籍が相次ぎ刊行されています。取り残され、排除され、孤立感を抱く人が増えている今こそ、他人を競争相手としてではなく、協力相手として見る視点が必要なのです。

これからの社会の方向性を変えていくためにも、

「助けられ上手になることで助け合いの機会を自分から作る」

疎外感で人は「痛み」を感じる？

実験によると……

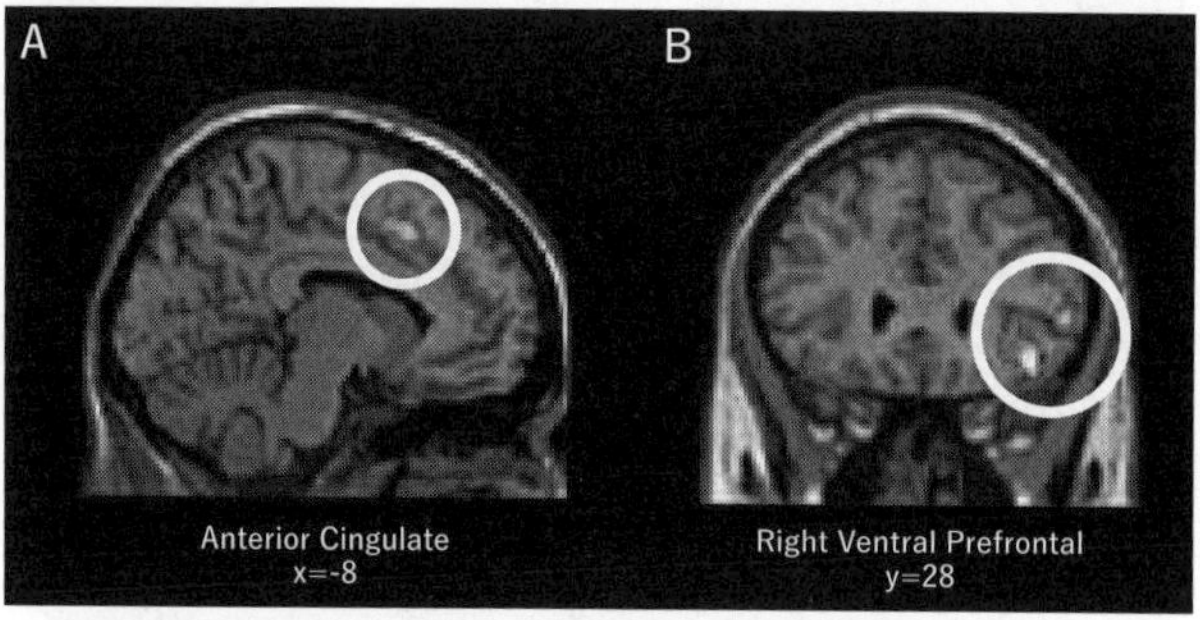

A 疎外された場合、情動に関わる帯状皮質前部の神経細胞の活動が活発になる

B 疎外された場合、身体の痛みを感じる領域（右の前頭連合野の腹側部）の神経細胞の活動も活発になる

ヒトを含む哺乳類が生き抜くためには社会的つながりが大切なので、これを強めるために、痛みと心の葛藤に関わる大脳皮質の帯状回の神経ネットワークが、人とのきずなを感じる働きをするようになったのかもしれない。

出典：Eisenberger NI, Lieberman MD, Williams KD.
Does Rejection Hurt? An fMRI Study of Social Exclusion. Science 2003; 302: 290-292

「人とつながり、孤独を減らす」

「自分から助けを求めることで相手もこちらに頼りやすくする」

「恩返しに、と言ってサポートを申し出て、助けられる側の罪悪感を減らす」

といった一つひとつの行動が、これからの時代を切り開くカギになるかもしれません。

そして、他人との助け合い・協力は、自分から助けを求めなければ始まりません。「孤独の世紀」ともいえる時代に生きる私たちが未来を変えるために、受援力を発揮して思いやりを引き出し、形にし、目の前にいる人に見せることが必要なのです。

そんな私の考えを後押ししてくれた言葉があります。

他人と過去は変えられないが、自分と未来は変えられる。
You cannot change others or the past.
You can change yourself and the future.

これは、カナダ生まれの精神科医であるエリック・バーンの言葉です。また、精神科医で心理学者のアルフレッド・アドラーには、「『変われない』のではない。『変わらない』という決断を自分でしているだけだ」という名言があります。私はこれらの言葉から、自分の行動を変えるのは自分次第だ、といつも自分を戒め、人とつながるための小さな行動を実践しています。例えば「ねぇねぇ、これ、知ってる？」「これ、教えてもらえないかな？」と聞いてみる。最初は、家族、知人、タクシーの運転手さん、駅員さん、コンビニの店員さんでも構いません。自分が受援力を発揮することで、人とつながって、ゆるい絆《きずな》（Weak tie）をたくさん作ってみませんか？　受援力は、孤独に対する社会的処方箋になるのです。

「一人でできないラインの見極め」ができるのが自立

私たちは幼い頃から、「自分一人で身支度ができるようになる」「自分一人でご飯を食べられるようになる」「自分一人で目標を完遂できる」のが一人前であることのように教えられてきました。その結果、「自立」というものを、「一人で生きていくこと」であると考えてきた人もいるかもしれません。

ただ、生きていくうえで、様々な問題が複雑にからみ合った状況に直面した時、自分一人でなんとか頑張ろうとしていると、その〝自立〟が「孤立」を生み出し、本人はさながら四《し》面《めん》楚《そ》歌《か》のような気持ちになってしまいます。

何もかも一人でできるわけではないと気づき、ここまでは一人でできるが、ここからは人の手を借りよう、これは自分一人ではできないから早めに人に伝えるほうが良い、と**「一人でできることと、一人ではできないこと」の見極めをつける――これが大人になってからの本当の自立**です。

「人間の自立とは、依存先を多く持つこと」というのは小児科医の熊谷晋一郎《くまがやしんいちろう》さんのお考えですが[17]、社会に出る前後の若者にも、援助を受けることが自立の第一歩であり、「あなたが頼ることで、もっと良い結果が生まれる」「あなたが頼ることで、頼られた相手にも、周囲にもメリットがある」ことを伝えておく必要があります。

トラブルは「対処する」より「予防する」

私が専門とする健康ケアの大原則は、「対処よりも予防」です。

栄養と睡眠の確保や体力づくりを怠っていたら風邪をひいてしまった。疲れや過労を我慢して、ストレスのサインを無視していたら、胃炎や胃潰瘍《かいよう》になった。予想外の健康トラブルが予期せぬ時に起こり、慌てて辛い症状を治すために受診し、治療をするはめになった。そしてそのことで予定が大幅に狂い、生活リズムにも様々な影響が出た……。

それよりは、毎日規則正しい生活をし、きちんと食事や睡眠をとり、少しでも運動をし、風邪が流行《はや》っている時は手洗い・うがい・マスクをし、暴飲暴食を避ける。健康上のトラブルが起こってから対処をするのではなく、日々、トラブルの予防に努めて生活していたほうが、時間もエネルギーもお金もかかりません。

これは健康ケアだけではありません。**仕事、プライベート、人間関係……あらゆることがすべて同時進行で起こる人生においても、同じように「対処よりも予防」のほうが何倍も効率よくいく**のです。

これは、仕事上でも活用できる考え方です。

・**対処＝**仕事が降ってくるたびに自分で対応する（何でも自分一人で対応するつもりでいたが、あちらからもこちらからも案件が舞い込むので、対応しきれなくなる）

・**予防＝**「自分一人ではできない」という前提でサポート体制を用意しておく（周囲をよく観察し、仕事が増えすぎたら誰にSOSを出すか考えつつ、自分も親身になって相手の話を聴き、助け合いのネットワークを作っておく）

ビジネス上で、トラブルを「予防」したい時にも、受援力（頼るスキル）が役に立ちます。

そして、予防のために取ることができる手段はいくつもあるはずです。

例えば、仕事に関する企画資料やデータ書類を、仲間にも共有しておき、「自分の代わりに対処してもらう」土壌を作っておくことも一つの手です。何かの話のついでに、自分の仕事についてのちょっとした情報を入れておくようにするのも有効でしょう。「今、こんなプロジェクトをしていて、こんな期日でこんな成果を出す予定なんです」「○○さんと一緒にやっているんだけど、こんなトラブルが起きそうなんだよね」「この工程がボトルネックになりそうなんだけど、あそこの○○さんの提出期限があやしいんだ」「○月○日にプレゼンが予定されているんだけど、もしかしたら同じ日に別の案件が重なるかも」——こうした情報を事前に共有しているか、していないかでも、いざという時に頼るハードルは違ってきます。

同じように、相手の話も聞いておき、もし急病や事故などが起こった時は引き継げるよう、チームマネジメントの下地を作っておくことも大切です。自分だけでなく、相手が頼みやすい土壌も相互に作っておく、ということです。

これは有事の際を見据えて、平和な時に予防的な備えをするという考え方ですが、自分が困ったことになるかもしれないと考えなければ、同僚やライバルに自分の仕事内容を共有しようとはなかなか思えないかもしれません。また、自分の仕事が増えるのではないか、余計なことを引き受けてしまうのではないか、と危惧《きぐ》する人もいるかもしれません。

ですが、何かあった時にバトンタッチできるサポート体制を敷いておけば、いざという時の保険を掛けることができますし、プロジェクト・マネジメントのツールを共有したり、お互いの仕事のノウハウや書類づくりなどを学ぶ機会を増やすこともできます。自分のスキルセットも増え、ビジネスパーソンとして使える駒が増えると思うと、どうでしょう。

起こってほしくはありませんが、仕事上、健康上、プライベート上のアクシデントやトラブルはつきものです。何も起こっていない、笑って話せるような状態の時にお互いの仕事内容を共有することで、何かことが起こった時に、助け合うことができます。

「頼られる側」の自己肯定感も増す

そうはいっても、相手が迷惑だろうと思ってしまい、チームのメンバーに頼ることに対してまだ抵抗を感じてしまうかもしれません。

「他の人の立場に立って考えなさい」というのは、よく言われることです。

保育園でも、幼稚園、小学校でも、幼い頃の私たちは自己中心的で、自分の考えしか理解できず、なかなか他人の気持ちや思いに配慮することができませんでした。まるで、天動説時代の人々のようです。世界は自分を中心に回っていると思い、他の人が自分とは別の考えを持って動いているなんて想像できませんでした。それが、長じるにつれ、この世の中は天動説ではなく地動説で動いているのだ、ということに気づきます。あなたが、自分は世界の中心ではなく、集団の中の1人なのだと、地動説に基づく社会の在り方に気づいたのは、何歳の時だったか覚えていますか？

そうして「相手の考えを読むこと」の重要性を教え込まれた私たちは、やがて、「先回りして慮《おもんぱか》ること」「空気を読むこと」「忖度《そんたく》すること」が大人社会のルールであるかのように感じていきました。そして、他の人の考えを、自分の感じ方や感覚よりも優先させるようになったのではないでしょうか。

そうしないと生きていけないと思うくらい、必死になって社会性を身につけ、他の人に不快な思いをさせないようにする――もちろんそれは、その人自身の優しさの一面でもあります。ただ、そこまで相手の気持ちを考える優しさを持ち合わせた人であっても、「相手が、自分に頼られたら、どんなに嬉《うれ》しいだろう」という発想にいたらないのはどうしてなのでしょうか。

その優しさを形づくるのが知識や経験だとすれば、「自分も頼られると嬉しい」「誰かを助けることで、その人の自己肯定感が上がる」「その人の心身の健康状態が改善する」「健康寿命が延びる」という知識を持たないからかもしれません。また、「誰かを助けた時の心地よさを忘れてしまっている」か、はたまた、「誰かのお世話になったことでプライドが傷ついたという体験をした」という可能性もあります。

優しい人ほど、人の役に立ちたい、人助けをしたいと思うものですが、優しいからこそ、自分が助けてもらう立場になることをよしとせず、また、相手への配慮のあまり「自分が頼ることで相手が喜ぶ」とは思えず、自分で自分を追い詰めてしまうのかもしれません。

しかし、

「相手を喜ばせるのは、大人社会のルールだ」

と私は考えています。それなら、「相手の、人の役に立ちたいという気持ちを引き出し、それを満たす」「私が支えてもらった時、大きく感謝することで、相手の生きがいを作る」「そして、相手にとって頼りやすい存在になる」ということも、立派な社会スキルの一つと言えるのではないでしょうか。

第2章　上手に頼るための「伝え方」

ケース・スタディ

「先回り」してしまう人、いませんか？　Bさん（20代、広報）

いろんなことを先回りして考えがちなタイプのBさん。何か困りごとがあっても、

「上司に相談したら、自分が考えているのと違う指示が出てくるかもしれない……だから相談しないほうがストレスが少ないな」

「すぐ解決することは難しいだろうから、一人でやれるところまでやってしまおう」

と先回りして、自力で解決しようとします。相手への気遣いの表れでもありますが、もしかしたら、生じ得るストレスを無意識に避けているのかもしれません。

いずれにしても、想像（妄想）したことが事実と違っていたら、取り越し苦労や、しなくてもいい仕事につながってしまいます。〝早合点〟する前に、軽く誰かに声をかけてみてもいいのではないかと思えますが――？

ケース・スタディ

声がけを「躊躇」する人、いませんか？　Cさん（20代、経理）

Cさんは対人コミュニケーションが苦手で、それを自分でも認識しています。

「どういう風に声をかければいいのかわからない」
「話しかけるタイミングがわからず、躊躇《ちゅうちょ》してしまう」
「上司の機嫌が悪そうに見えると、話しかけることができない」

普段のコミュニケーションにも苦労しているため、「誰かに何かを頼む」ということになるとさらにハードルが高くなります。

また、意を決して周りに相談してみた時も、はっきりと意思を伝えることができず、相手も報連相（報告・連絡・相談）のうちどれなのか、何をすべきなのかを理解するまで時間がかかるようです。その結果、相手が困惑し、難しいことを頼まれているように受け取られて断られたり、少し後味の悪いやりとりになったりすることも……。

それは「言葉を変える」ことで実現できる

「わかってはいるけど、やめられない」「やったほうがいいのはわかるけれど、できない」――このような状況になった経験をお持ちの人は多いでしょう。もしかしたら、まさに今「頼ったほうがいいのはわかっているけど、頼れない」と、実感として持っている方もいるかもしれません。

自分の「知識」と「行動」の間には、深い溝があります。だから、「(知識として)わかっている」にもかかわらず、「(行動を)やめられない」のです。

その溝を飛び越えるために有効だと考えられているのが、認知行動科学であり、行動経済学であり、私がずっと学び続けているコーチングです。

ここでいきなり「コーチング」という言葉を登場させてしまいましたが、まずは定義をはっきりさせておきましょう。「自分の行動を変える(行動変容)」ために、そしてそれを「言葉によって」行うために、コーチングで使われる「言葉の力」を理解しておく必要があるからです。

まず、「コーチング」とは何を意味するのでしょうか？

「コーチ」と聞くと、運動部のコーチのような指導者を真っ先に思い浮かべるかもしれませんが、コーチングは指導をするということではありません。ここでいうコーチングの本来の意味は、

「相手がもともと持っている能力や可能性を最大限に引き出しながら、体験を共有しながら学び合う、双方向のパートナーシップ」[12]

と定義されているものです。

このコーチングによって、個人やチームのモチベーションが上がり、生産性が高まるだけでなく、仕事への満足感ややる気が向上し、組織の効率が高まることが明らかになっています。

「人を動かすスキルをバランスよく駆使しながら、マネジメントのみならず人材育成やカウンセリングも行い、組織のパフォーマンスを方向付けする立場」の人にとっては、身につけるべき必須のスキルですし、基本的なコミュニケーション力の向上に役立つものです。

コーチングスキルを使うと、こんなに役立つ

コーチングの「コーチ」は、古くから英米語で客車や四輪馬車、競技者あるいはチームの指導者という意味で使われていました。革製品ブランドとして有名な「COACH」のブランド名は、馬車の前方の部分の革製の馬具を由来にしているそうです。

このように、革製品、スポーツ指導者、そしてコミュニケーションにおけるコーチ——それぞれジャンルはずいぶん違ったものに見えますが、ある共通点があります。それは、**「目的地に一緒に快適（効率的）に行く（ためのもの）」**ということです。

コーチングは、コーチとクライアント（相手）が目標をより効率的に達成するためのコミュニケーション・スキルであり、仕事ではビジネスコーチ、人生ではパーソナルコーチ、そして医療ではメディカルコーチといったジャンル分けをされることがあります。医療の分野では、古くは1950年頃からその名称を用いた報告があります。

コミュニケーションのコーチングの手法は2000年頃、米国から日本のビジネス界に導入されました。様々な分野においてコミュニケーションを介して良質な指導を行う人が「ネイティブ・コーチ」と呼ばれ、経験的にうまくいっていたそれらの指導法を体系立て整理したものが「コーチング学」として確立されてきたのです。コミュニケーションにおけるコーチングの定義は分野や状況、それを述べる人により様々ですが、「目標達成のために必要な

行動変容をサポートするコミュニケーション」とも定義されています。[3]

ここでいう「目標」とは、ワールドカップに出場することかもしれませんし、禁煙や減量、リハビリかもしれません。このような自分だけでは達成困難なことに取り組む場合に「コーチ」が必要となります。すでにビジネス界や臨床現場で実践されているコーチングは、一回だけで終わるものではなく、繰り返し続けられるものです。

定義の中にある「行動変容」という言葉は、新型コロナウイルス感染拡大予防に際して政府からの外出自粛要請の文脈でもしばしば耳にすることになりましたが、「長期にわたり行動を変化させる」という意味です。衝撃的で大きな苦痛や、快感、あるいは社会環境の変化が「行動変容」を引き起こすことは、私たちの身の回りでも数多く見られました。ただ、コーチングが目的としている「行動変容」は、意味合いが違います。強制的に外部からの大きな力によって行動を変化させられる、という意味ではなく、「双方向性のコミュニケーションによって、本人の自発的な意思から生まれた長期にわたる確実な行動の変化をサポートし、一緒に目標を達成」することを目的としています。

つまり、コーチングの行動変容は「強制ではなく、自らの意思で」起こるものなのであり、これは私がコーチングにおいてとくに大事にしていることでもあります。

スポーツでも、アドバイスや命令で「やらされている」という立場から、「自分の意思でやる状態」に変容した時に初めて、選手の本物の力が発揮される状態となります。コーチングを活用することで、これをコミュニケーションでサポートし、さらに行動変容を促し、目的達成に近づくことができるのです。[4]

言葉のキャッチボールによる「承認」

「自発的な意思」による行動を生み出すために押さえておきたいのが、「承認」のスキルです。

日本にコーチングを導入した伊藤守《いとうまもる》さんの「コミュニケーションはキャッチボール」という言葉があります。コーチングでは、キャッチボールのような言葉のやりとりの中で、

・対等な立場で接し、
・戦略的な質問によって「クライアントの抱えている問題」「それに対する目標（ゴール）」「話している様子」を丁寧に傾聴し、
・話や行動に対しての承認、フィードバック（行動と話の内容のギャップ、コーチにはどんな感じに聞こえるかなど）、提案をする

など、様々なスキルを用い、必要であればまた質問を繰り返すといったやりとりをします。そのキャッチボールの中でクライアントが何かに気づいた時、コーチは自分の感じたことを

もとにして承認、ときにフィードバックをします。そして、その時に口にしていた言葉からさらに次の質問、承認、フィードバック、提案を繰り返し、クライアントの自主的な行動につなげ、さらに次の機会でまた新たな会話を続ける――という構造でキャッチボールを続けるのです。

私は、「リーダーとは、他の人の活躍をサポートする存在で、次のリーダーとなる人を育てる存在だ」と思っています。ですが、リーダーが常に完璧《かんぺき》である必要はありません。自分一人だけでは何もできない、と認識しているリーダーが、コーチングのスキルを通してその周囲の人々の能力をうまく引き出し、支える。同時に、リーダーの周囲にいる人々も、リーダーをたえず励まし、フィードバックをし、リーダーとしての仕事にやりがいを感じさせる。そのような相互関係を築くのがコーチング的なリーダーです。

承認の効果はそれだけではありません。

個々の存在が承認され、支えられ、力を引き出され、仕事ぶりが認められれば、仕事の中に喜びや楽しみが増え、他者のために時間を捻出《ねんしゅつ》することが喜びになります。働く人本来の使命感や熱意が活《い》かされるようになるのです。

スタッフ同士、または仕事上の仲間同士、そして同じ地域や同じ領域で働く人同士がパートナーシップを養えば、一緒に共通の目標に向かっていく気概が生まれます。そのような姿を見せるからこそ、周囲の同僚や後輩、友人や家族も相互の信頼関係を構築でき、よい影響が広がります。お互いに承認し、尊敬し、認め合う……このことは、地域社会の人々が、安定し、持続した関係を築くためにも大切なことです。皆さんがコーチングスキルを知り、うまく活用することで、自分の周囲だけでなく、もしかしたら、見知らぬ人の働く環境にも良い影響を伝播《でんぱ》させることができるかもしれないのです。

コーチングを活用するにあたっては、こうしたコミュニケーション・スキルの前提として、相手を思う心が最も大切です。ただしそれは、自分が犠牲になることではないということにも注意が必要です。相手を尊重しつつ、相手に自分の価値を感じてもらいつつ、分業しながら・支え合いながら、一緒にお互いの共通の目標地点にたどり着くこと。これが、コーチングの原点です。

こうしたコーチングを学び続ける中で、私自身が「コミュニケーションの力＝言葉の力」に改めて気づかされました。自分が使う言葉を変えると、自分の意識が変わり、行動も変わります。この言葉の力が、次項から詳述する個人の「行動変容」において重要なポイントになるのです。

頼るという選択肢を「自分で選ぶ」

皆さんは、「自分の性格や物事の捉《とら》え方を変えるのは、そう簡単ではない」「凝り固まった考えがあり、どうしても動かせない」と思っていませんか。それとも、「誰でも必要があれば自分の考え方を変えることができる」「自分はいつでも変わることができる」と思うほうでしょうか。

ご自身のような大人ではなく、それが子どもの場合だとしたら、どう思いますか？

自分の弱みをさらけ出せない、自分は人に好かれないと生きていけない、人に好かれようとして疲れてしまう、テストで失敗し、満足に勉強できない自分を受け入れられない、自分はダメな子だと自分を責める……。私も昔はそんな子でした。

もし今、そんな風に考えて、打ちひしがれている子どもを見かけたら、あなたは「頑張りすぎなくてもいいんだよ、まだ若いんだから、できなくて当たり前」「何か私にできることはある？　他の人に頼っていいんだよ」と声をかけたくなるのではないでしょうか。

私が産婦人科医として働いていた2006年、海外留学を決意した時期に読み漁《あさ》った自己啓発書の中に『7つの習慣』（スティーブン・R・コヴィー著、キングベアー出版）がありました。その本に書かれていたことはことごとく自分でも試し、習慣にしてきましたが、私はその中でも「反応は自分で決める」という部分に強く惹《ひ》かれ、何か物事が起こった時も、いい・悪いの判断や、それに対してどう対処するかは、すべて自分の選択次第だと捉えるようになりました。２００８年から滞在した米国東部では、子ども向けの「7つの習慣」実践学習に触れる機会があり、小学校でも「Leader in Me」という7つの習慣に基づく学習カリキュラムが浸透していたことに驚きました。[5] これは、「自分の言葉や行動を変えるには子どもの頃から経験を積むことが大事だ」という研究に基づいたカリキュラムで、「自分で選ぶ」という感覚を養うことをとても大事にしているのです。

脳科学の研究でも「自分で選んだ」という感覚が伴う時、失敗を必ずしも悪いことではなく、「成功のもと」というポジティブな情報として処理する、という脳内メカニズムが明らかになっています。[6]

一般的に「他人任せでなく、自分のことは自分で決める」こと（自己決定）が重要だと言われていますが、この研究では、良いことがあると活動が高まる脳部位の働きに着目し、強制的に選ばされた時に比べ、自分で選んだ時はたとえ失敗してもそれをポジティブに捉え、その結果、やる気と成績が向上することが示されました。つまり、「失敗は成功のもと」と捉えるためには「自己決定」が必要なのです。私は、この結果に膝《ひざ》を打つ思いでした。

そうであれば、私たちはどうすればいいのでしょうか？

つまり、ここで皆さんが、「人に頼るスキルを身につけよう」「相手の成長にもつながるような形で頼ろう」という考えや行動を取りたいと思うこと、「やらされ感」ではなく「自分で選んだ」と感じることだけでも大きな価値があります。

人に相談することや、人に頼ることはすぐにできなくても、後で紹介する「受援力を高める言葉」を使ってみること、「（相手が）助けたくなる言葉」を使ってみようと、「自分で決める」ことなら今すぐにでもできるのではないでしょうか。

受援力を発揮する基本ステップ

楽しくなくても、笑顔を作ることで明るい気持ちになります。それと同じように、「まず考え方を変えることで、言葉や態度を変える」のではなく、逆に、「まず言葉や態度を変えることで、頼り上手に近づく」のです。

単に「言葉や態度を変える」といっても、少しトレーニングが必要です。

トレーニングと聞くと、面食らう人もいるかもしれませんが、私たちの中にはもともと受援力（頼るスキル）が備わっていますから、安心してください。皆さんの中にある、人の助けを受け止めるという受援力の原点（生きるための素質）を思い出すと、あとはどんどん楽になっていきます。

それでは、まず、自分の受援体験を思い出すことから始めましょう。

Q. 皆さんが困った時に誰かに助けてもらった時のことを思い出してみてください。

「その時、自分がどんな気持ちだったか」「助けてくれた人に対してどんな気持ちになったか」「助けてくれた相手がどんな風に接してくれたか」……こうしたことを思い出すだけで、自分の心細さや不安、相手への感謝の気持ちや、相手をとても大事な存在として覚えていることに気づくと思います。

それでは、次の質問です。

Q. これまで自分が誰かを助けてあげた時のことを思い出してみてください。

その時の気持ちを思い出すことはできますか？　力になってあげたことに対して、面倒だった、負担だった、いやだったという印象はあるでしょうか？　役に立てた喜びや、誇らしい気持ちが残っているのではないでしょうか。

人から頼られると、自己肯定感が高まります。これは、私たちが太古の昔から、コミュニティに貢献することや、誰かに感謝されることに喜びを感じるようプログラミングされてきたからで、前述した通り種の保存に必要な利己的な遺伝子は、利己的なばかりでなく利他的な行為をするような要素を受け継いでいます。我々が役割分担しながら文明を築いてきた根底には、この「人の役に立つと嬉《うれ》しい、幸せ」という本能があるのです。

変えられるのは「言動」

さて、自分の中にあった受援力（頼るスキル）を思い出したあなた。ここで、社会性を支える非認知能力として、あるいは基本的生活能力として、使えるスキルとして受援力を磨くにはどうしたらいいでしょうか。

ここではまず、「はじめに」でも少し触れた、伝え方のステップを紹介します。

受援力を発揮するポイントは、相手に自分の持つ3つの感情、つまり「敬意／K」「承認（存在承認）／S」「感謝／K」を順番に伝える、たったこれだけです。

K【敬意】　何かを頼む時は尊敬の念・敬意を示してからです。「あなただから、頼ることができる」「あなただから、相談したい」と相手を個人として尊敬していること、頼る理由を示します。その一番簡単な方法は、相手の名前を呼んで「今、いいですか」と相手の都合にも配慮することです。誰でもいいのではなく特定の相手に、そして自分が頼りたいくらい信頼のおける相手だから、自分よりももっと忙しいに決まっている、それはわかっているけれど、それでも、あなたに聞いてほしい、という気持ちを示します。

S【承認】 相談する前に「聞いてくれて嬉しい」「助かります」「あなたがここにいてくれてよかった」と相手の存在を承認します。

K【感謝】 相談を終えたら、相手が答えを持っていようといまいと、力になってくれるかどうかにかかわらず、可能な限りの感謝と喜びを伝えましょう。悩みごとが解決するかしないかではなく、自分の相談を聞いてもらえた、そのことだけでもありがたいという感謝の気持ちを示すのです。

このような伝え方を初めて使う時は、どこか気恥ずかしく思えるかもしれませんが、それも最初だけです。慣れて自然と口に出てくるようになるまで、この3つのステップを意識して頼みごとをしてみてください。

最初は、KSK（敬意・承認・感謝）と、語呂《ごろ》合わせで覚えてもいいかもしれません。「K

ＳＫだ、ＫＳＫだ」と唱えながら、相手への敬意を伝え、いてくれてありがとうという承認の気持ちを伝え、そして、うまくいってもいかなくても、とにかく感謝の前払いをしよう……何回か実践しているうちに、自然とできるようになるはずです。それほど、この３つの感情は、話している人自身にとっても、気持ちの良いものなのです。

小学校から高齢者施設まで、自治体主催のものから地域の勉強会まで、私が「受援力」をテーマにした講演を依頼される時は必ず、この３つのポイントを使ってお互いに何かを頼み合う「受援力ゲーム」をする機会を作るようにしています。

二人ペアで、片方が自分の相談したいことをＫＳＫの順番で頼み、頼まれる側はニコニコして「うん、うん」とうなずく。それを交代して、逆の立場になって、ＫＳＫ。

ゲームの後、参加者に「こちらから相談してみた時、どんな気持ちでしたか？」と聞くと、「恥ずかしかった」「こんなこと聞いていいのかな、というためらいがあった」「言っただけですっきりした」「聞いてもらえてよかった」という感想が聞かれます。

また、「相手に頼ってもらった時は、どんな気持ちでしたか？」と聞いてみると、老若男女問わず、「嬉しかった」「私でも何かできることがあるのかな？　という気持ちになった」「ワクワクした」という喜びの声が寄せられます。

ゲームを始める前に、「相手の相談を受けた側は、解決しなくていいよ。何も言わずに、ニコニコ、うなずくだけでいいよ」とお伝えするのですが、始まるとあちこちで笑いとともに楽しい相談会が繰り広げられます。ちょっとしたことであっても、口にしてみるだけで心のつかえがとれ、気が楽になるのです。ゲーム感覚で、気軽に自分から助けを求めることで、頼ることの難しさ、助けられた時にどういう気持ちになるかを知る。そして、人に頼られると嬉しいということを体験する。これが、「受援力ゲーム」の効用です。これだけでも、自分が頼るハードルが下がり、実際に使ってみようと思うようになるのです。

受援力の基本ステップ1（K）――相手への敬意で切り出す

頼みごとをするにしても、まだ何もしてもらっていない状態から、いきなり「敬意」「感謝」を伝えるのは難しいものです。また、声をかけようと思っただけで、気持ちが萎縮《いしゅく》してしまったり、気恥ずかしくなったりしてしまうこともあります。

そこでおすすめなのは、**声をかける時の「最初の言葉」を決めておく**こと。これで、スタートダッシュの労力を減らせます。

皆さんは、誰かに相談する時、手を止めてもらう時、「すみません」「お忙しいところ申し訳ありません」と謝ってしまうことはないでしょうか。もちろん、遠慮するのは当たり前ですが、そのような会話の入り方をすると、相手は、どんな大変なことを頼まれるのだろう？何か謝られるようなことなのかな？　と身構えてしまいます。相手への申し訳なさが逆効果となるだけでなく、勇気を出して頼んだ自分の立場も貶《おとし》めてしまいます。

日本には、自分を下げて、相手を上げる「謙譲語」の世界と、自分の尊厳は保ったまま、相手に一目置き、相手を立てる「尊敬語」の世界があります。意思決定行動科学においては、〝謙譲〟の姿勢で自分の能力が低いことを前提に頼んだり、相手にお詫《わ》びしながら頼んだりするのではなく、相手が頼れる存在で、才能を持つ人間と見込んでいるから相談するという〝尊敬〟の思考を持って進めると、両方の立場をフラットなまま保つことができることがわかっています。ですから、謝らなくてもいいのです。

最初に声をかける時のポイントは、もう一つあります。それは「相手の名前（もしくは姓）を呼ぶ」ということです。

これは、**個人を個人として認め、その人に対する敬意を示す最もシンプルな方法**です。いきなり「ねぇねぇ」と声をかけられた時と、「〇〇さん（自分の名前）」と呼びかけられた時とでは自分の心の動きがどう違うでしょうか。

名前は、その人自身のアイデンティティと結びつく、とても大事なキーワードです。結婚した後に新しい姓で呼ばれてもなかなかピンとこなかったり、旧姓に親近感を抱いたりすることからもわかる通り、姓は自分のよりどころであり、名は個人としての自分の象徴でもあります。

「誰でもいいから手伝って」「誰か、頼む!」というのではなく、「あなただから頼みたい」「○○さんだから相談したい」——というメッセージを伝えるために、私は、対面でも、メールでも、できるだけ相手の方の名前をたくさん使います。これは、相手を、この世の中にただ1人の特別な一個人として尊重しているからです。同様に、私も自分の名前で呼ばれることが好きですし、「先生」ではなく「穂波さん」と、私限定の指名を受けると嬉しくなります。

以上のように、「最初の言葉」を決めておくには、

・謙譲ではなく、尊敬の思考で(謝らない)
・相手の名前を呼ぶ(肩書で呼ばない)

という2点がポイントになります。皆さんも、次に挙げる例を参考に、自分の身の回りで使えそうな、尊敬の気持ちを表す言葉のバリエーションを考えてみませんか。

「○○さん、今、ちょっと声をかけていいですか?」

「○○課長（「課長」などの肩書だけではなく名前を付けて、その人限定の声がけで）、話しかけてもいいですか？」
「○○さん、今、お忙しいですか？」

私はプライベートでも、「運転手さん」「管理人さん」「看護師さん」ではなく、できる限り、世界に1人しかいないその人を尊重し、個人名で呼びかけるようにしています。

この「敬意」をすっ飛ばして、いきなり次の「存在承認」「感謝」に入っていくと、「あれ？　何かウラがあるのではないか？」「なんかうさん臭いが、何かあるのかな」と思われがちです。相手のことを尊重し、敬服し、頼りにしているからこそ、相談したいのだということをしっかり言葉にして伝えることで、相手の自己肯定感が高まります。また、相手に対する自分の信頼を確認し、頼る理由付けをし、頼りやすい心理状態にすることにもつながります。

相手にもプラスになる頼み方があるとわかっただけで、今後、皆さんが頼りたくなるタイミングを逃さず、おおごとになる前に（小さな火種のうちに）、頼ることができるのではないでしょうか。「こんなちょっとしたことで、相談してもいいのかな」とためらっている間に事態が進んでしまう……そんなビジネス上の「あるあるトラブル」を予防するためにも、

「相手を尊敬しているからこそ」という心の持ちようが、とても重要です。

最初はうまくいかないかもしれませんが、チャレンジの回数を増やすと、成功する回数も増えます。これは確率統計学の世界でよく使われている比喩《ひゆ》ですが、成功する回数と失敗する回数が増えたら、どうしたら成功するのかを学ぶ得難いチャンスが増えたと思えばいいのです。

受援力の基本ステップ2（S）――相手への存在承認を示す

受援力を発揮する基本「KSK（敬意→承認→感謝）」のステップのうち、2番目は「承認」です。

「承認」とは、コーチングの世界では「アクノレッジメント」といわれるものですが、「褒める」ような上から目線の姿勢ではなく、フラットで上下関係のない、ポジティブなメッセージと定義されています。この承認には、次の3種類があります。

・結果承認　（例）できたことを承認する

・行動承認　(例) やっている姿勢を承認する

・存在承認　(例) 挨拶《あいさつ》、笑顔を向けるなど、目の前にいること自体を承認する

このうち、最後の「存在承認」は、相手がいてくれることに対する承認で、それだけで自分には心強い、話す相手がいてくれてよかった、という見返りを求めない気持ちによるものです。

存在承認は、相手の心のハードル、例えば「役に立たなければいけない」「何かしなければいけない」といったものを外してくれます。自分は何もしなくてもいいんだ、今のままでいいんだ、話を聞くだけでいいんだ、という心理的安全性を作り出してくれる。それが、存在承認です。

人は誰でも、認められたい、尊重されたい、という承認欲求を持っています。だからといって、「承認する」ためには、単に褒めればいいかというと、そうではありません。承認は、相手を評価するのではなく、ありのままの相手を認めるということです。受援力の基本ステップにおける承認も、この「存在承認」です。

具体的に実践するにあたって、皆さんにご紹介したいのがコーチングにおける承認技法です。これを身につけると、相手が自然にありのままでいる姿を承認し、支援することができ

るようになります。

（相手への言葉がけの例）
「いつも気にかけてくださりありがとうございます」
「いつも頑張ってますね」
「いつもニコニコ話しかけてくれてホッとします」
「いつもお世話になり、助かっています」
「手を止めてくれて嬉しいです」
「話を聞いてもらえてよかった」
「耳を傾けてくれてありがとう」

このように言ってもらえると、自分はここにいるだけでいい、相手は自分のことを気にかけてくれているのだと思え、それだけで存在承認となり大きな力がわいてきます。
反対に、自分なんていてもいなくてもいいんだ、と思うとどうでしょう。誰でも、寂しさ、孤独感、憂鬱《ゆううつ》な気分がわいてきます。人間は、本能的に、存在承認を必要としているのです。

承認のI message（アイ・メッセージ）を使おう

You message	I message
スゴイね	感心したよ、感動したよ
よくできるね	助かりました
うまいなぁ	嬉しいです
賢いね	安心です・安心しました
上手だなぁ	ありがたいです
タフだなぁ	心強いです
さすがだね	励まされます
偉いですね	お聞きして良かったです
パワフルだなぁ	こちらも元気が出ます

存在承認を受け取りやすい形に変える

私たち日本人が話をする時は、主語が隠れてしまいがちです。もともと日本語には、主語を省略して話す傾向があるせいですが、受援力を発揮するにあたっては、誰が主語になっている表現なのかが重要な意味を持ちます。

コーチングでは、「あなたは」という主語が隠れているメッセージをYou message、「私は」という主語が隠れているメッセージをI messageと分けて考えます。

上の図に載っているボキャブラリーを見比べて、自分がYou messageを言われた時とI messageを言われた時を思い浮かべてください。あなたはどんな印象を受けますか？

とくに、褒め言葉でYou messageを使うと、相手へおもねっている、と受け取られがちで、相手が恥ずかしくなり否定してしまいます。例えば、「(あなたは)上手ですね」「(あなたは)偉いですね」「(あなたは)スゴイですね」と評価するようなYou messageの褒め方は、相手に「いえいえ、そんなこと……」と謙遜《けんそん》され、否定されてしまいます。また、You messageを使う時は、相手の才能や能力に注目して評価しがちですが、それは、評価者である自分が相手の上に立つような形になってしまい、相手の中に「上から目線だ」「偉そうだな」という感情を惹起《じゃっき》します。

しかし、「こちらも励まされますよ」「私も頑張らなくちゃ」「愛情深いお子さんだな、と(私は)思っています」などの「自分の受け止め方」を伝えるI messageは、相手が謙遜できず、こちらに良い影響を与えたことを受け入れられやすい表現です。「自分(I)が良い状態・心情に変わったという具体的な言葉」、例えば「助かります」「嬉しいです」「ホッとしました」「安心しました」などの言葉は、あなたの気持ちを表しているものですので、相手は否定できないばかりか、とても受け取りやすくなるのです。

I messageを使って、自分の感情を伝えると、相手が否定できず、加えて、相手の中に「他の人の役に立って、良い影響を与えている、幸せな感情をもたらすことができた」という自己肯定感、自己有用感が芽生えます。

受援力の基本ステップ３（Ｋ）――相手への感謝で結ぶ

さて、受援力を発揮する基本「ＫＳＫ（敬意→承認→感謝）」の最終ステップは「感謝」です。

感謝の言葉を使う時のポイント、タイミング、ボキャブラリーについては工夫が必要です。皆さんも、同じ人から同じ調子で、「ありがとう」「ありがとう」と同じ言葉で繰り返し感謝の気持ちを伝え続けられたら、どう感じるでしょうか。感謝されるのは嬉しいけれど、だんだんくどくなってきて、その言葉の持つ重みが減っていきはしないでしょうか。

だからといって、「大事な時だけ感謝する」「感謝の言葉を出し渋る」のは逆効果です。感謝の気持ちは、もっと気軽に、何十回でも伝えるほうが、自分の気持ちにも相手の気持ちにも良い影響を与えるからです。ではどうするかというと、「具体的なことに対して」「その場で」「様々な言い方で」感謝を伝えるのをおすすめします。

私たちは集団で生き抜いてきた動物であり、誰かに感謝されること、属している集団の役に立っていること、何かに貢献していることに無上の喜びを感じますが、「何に対して」感謝されているのかが明確でないと喜びは半減しますし、感謝している側の気持ちがこもっていないと、効果が失われることがあります。感謝の気持ちを伝えるためには、具体的に、その場ですぐに、何に対して感謝しているのかを伝えるのが効果的です。

また、「ありがとう」以外にも、感謝を伝える言葉があります。


「お皿を洗ってくれたんですね、すっきりしました」

「この書類を片付けてくれたおかげで、気持ちいいですね」

「細かい仕事にも、一生懸命取り組んでくれて助かります」

「毎日の在庫を管理するのも、骨が折れることでしょう。本当に感謝しています」

「忘れた書類を届けてくれて、何とお礼を言ったらいいか」

「あの時、君がフォローしてくれたおかげでおおごとにならずに済んだよ。感謝感謝」


など、「○○さんの力で」「○○してくださったから」「これもひとえに○○さんのおかげです」と**具体的・個別に、自分が良い状態・心情に変わったという言葉を選ぶことで、相手の心を満たすことができます。**

第3章

上手に頼るための「言い換え」

「頼るスキル」を磨くポイント

ケース・スタディ

嫌な「妄想」をなんとかできれば……Dさん（20代、総務）

誰かに助けてもらうことを「悪いことだ」「ダメなことだ」と考えているDさん。だから、いざ誰かに頼ろうとしても、

「相手から〝嫌だなあ〟とネガティブな反応が返ってきたらどうしよう」

「人によっては、〝利用された！〟〝甘えてばっかり……〟と思われるのではないか」

などと想像してしまいます。

さらに、**「自力で仕事をする人＝仕事がデキる人だ」**と思っているため、誰かに相談しようと思っても、その人から「一人では仕事ができない人」「ダメな人」と評価されるのでは、と考え、それも嫌だと思ってしまう。

そうすると、ますます頼れなくなってしまい……負のスパイラルが始まります。

人は「自分の発する言葉」に影響を受ける――オートクライン

「頼る」「助けを求める」という行動に対してネガティブなイメージを持っていると、そのような行動を取ることが難しくなります。

ネガティブな気持ちが、「行動を起こす」ことを邪魔するのです。そこでまず、「後ろ向きな考え」から「前向きな考え」に転換することが必要になります。

例えば、新しく割り振られた仕事のやり方がわからない、やり方がわかっても仕事の量が多くて終わらない、分担してもらえる人がいない、別の仕事が入ってしまい代役を頼まなければならない、緊急な案件に対応しなければいけないため時間を捻出《ねんしゅつ》できない、締め切りに間に合わない……。誰でも、こんな「困った！」経験があるでしょう。

「これは困ったな。どうするか……」と解決策を探せるうちはまだいいのですが、予想以上に重大なトラブルや、あまりにも複雑な案件が重なった時は、「誰に何を頼むのか」を総合的に調整しなくてはならず、「誰かに頼る」負担が増します。そして、解決できないことにいら立ち、自己肯定感が下がり、気分が落ち込んでしまうのです。

こんな時、自分で自分の気持ちを変える方法、それも、誰でもすぐに実践できて、お金も時間もかからない方法があったら、試してみたいと思いませんか？

それは自分の状況を〝肯定文〟、つまり〝前向き語〟に変換することです。

英語を話す状況で私たち日本人が、頭の中で日本語の内容を英語に翻訳してから口に出すように、**ネガティブな考えを、ポジティブな考え（言葉）に変換してから口に出す**のです。

私はこの一連の変換を「ネガポジ変換（翻訳）」と呼んでいます。

否定文を肯定文、つまりポジティブ語や前向き質問に変えるだけで、考え方が変わります。そして、この前向きな発想は、受援力を発揮するための地ならしとなります。自分の気持ちや捉《とら》え方を変え、言語化することで、受援力を発揮できるのです。

なぜ、ネガポジ変換をして、ポジティブな言葉を発するだけで、行動を変えることができるのでしょうか？

コーチング理論の中に、「オートクライン」という言葉があります。これは、自分が発した言葉を自分の耳で聞くことで、自分が自分の言葉の影響を受けるというものです。コーチが戦略的な問いかけをし、それに答えることで、「ああ、自分はこう感じていたのだ」「ああ、こんなところにヒントがあった」と自分の考えに対する新たな気づきを得る。これが、コーチングにおけるオートクラインの効果です。

「オートクライン」の仕組み

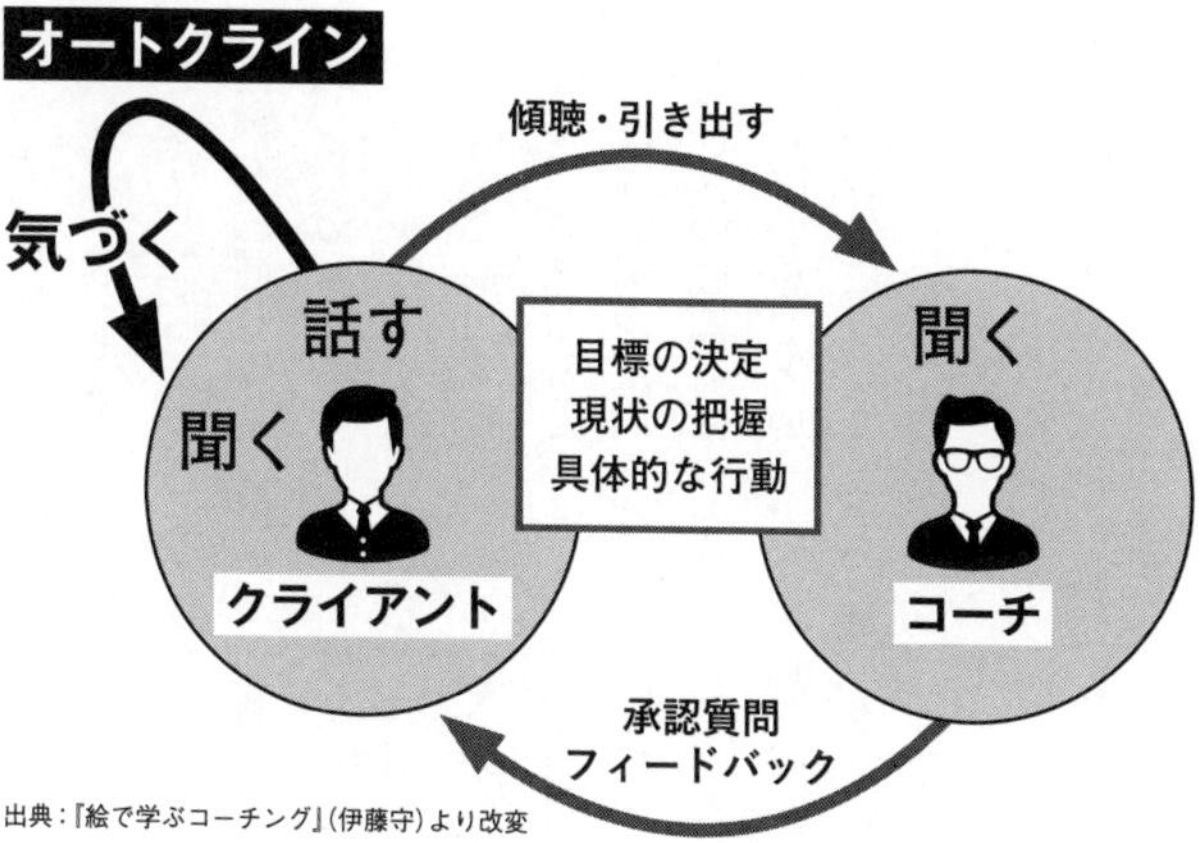

出典：『絵で学ぶコーチング』（伊藤守）より改変

皆さんも、自分が悲鳴を上げることで、より一層驚いたり、スポーツをしている最中や応援をしている時に大きな声で励まし合うと、ますます気分が盛り上がった経験があるでしょう。また、イライラして文句を言ったり、カッとして怒鳴りつけたりすることでますます自分の怒りが増幅されたという経験があるかもしれません。

自分の言葉に最も影響を受けるのは自分です。しかし、自分の言葉を操ることができるのも自分です。そうであれば、自分の言葉を上方修正し、ネガポジ変換してから口に出し、解決方向に向けられるのは、ほかでもない、自分自身なのです。

人は誰でも「困った！」と思い、立ちすくみ、動けなくなる時があります。立ち止まってしまい、思考停止の状態になっていると思った時、この「ネガポジ変換」を思い出してください。「ネガポジ変換」の力をつければ、困った出来事を、自分の経験値の蓄積にすることができます。「困った！」を「解決能力アップのチャンスだ！」と言い換え、困り事を解決した経験を、同じように困っている多くの人に役立てることもできます。

それに、自分が困った時に助けてもらうと、困りごとへのアンテナの感度が高くなります。作業マニュアルの中で説明が足りない部分に気づいたり、困っている人に気づきやすくなったりと、課題を抽出する能力が伸びるのです。そして、問題を解決してマイナスからゼロの状態にするだけではなく、そこからさらにプラスの学びを得て、自分の強みを作ることもできます。自分が困ったからこそ、そして、人の力を貸してもらって困難を克服したからこそ、自分の新たな価値創造につなげられるようになったのです。

「必要は発明の母」という言葉の通り、困っているからこそ、それも当事者として、どうにかしようと必死になることで、ピッタリの解決策が見つかります。それが今度は人助けにつながるのです。

頼るマインドを引き出す！　言葉の「ネガポジ翻訳」

何もかもうまくいかない時、または、家族や同僚と意見が衝突する時、

「どうしてできないんですか？」

「どうしてしてくれないの？」

などと言えば、言ったそばから、カッとなって、相手への怒りや不満がこみあげてくるのではないでしょうか。

では、次のような言葉はどうでしょう。

「自分はどうしてこうなんだろう」

「どうしてできないんだろう」

そんなことを独りごちたりすると、自己肯定感が下がり、落ち込み、人に頼る気持ちにもなれません。自分を卑下してしまい、こんな自分のために他人の貴重な時間を費やしてもらうのは申し訳ない、こんな自分のために人の助けを借りるなんて……と思ってしまいます。

そして、受援力を発揮するどころか、どんどんネガティブな発想になり、ＳＯＳを出す意欲

がしぼんでしまいます。

そこで、「どうして、うまくいかないんだろう……」という言葉を頭の中で変換して、

「どうしたら、うまくいくんだろう?」

と言い換えてみると、どうでしょう?

先ほど説明したオートクラインを実践し、口に出して、自分の耳に聞かせると効果的です。自分の耳から前向き質問を聞いた脳が、その言葉を受け止め、解決策を探すよう、前向きな思考が起こるのです。

ポジティブな言い換えがとっさに出てこないこともあるでしょう。私も、しょっちゅう、「まだ、できていない」「こんなんじゃ、ダメだ」と思ってしまうことがあります。それでもすかさず、「否定形→肯定形」にネガポジ変換することを習慣にしています。

頭の中に否定文が出てきて、「できない」と言いそうになったら、まだ挽回《ばんかい》可能な状況だと思って、「○○するところなんだ」「○○する予定」「○○しようとしている」。かなりピンチで切羽詰まった状況の時であっても、「○○したい」「○○できる」「なんとかなる」と状況を肯定すると、自分で自分の不安をあおることなく、安心させることができます。

切羽詰まってしまい、「わ~、締め切りに間に合わない!」と頭の中で悲鳴を上げてしまうと、その声に自分自身が振り回され、ますます慌ててしまいます。そうではなく、「締め

切りに間に合わ……ないのではなく、間に合わせたい」「間に合わせる」「間に合わせられる」と自分で自分に言い聞かせるようにすると、不思議と心が落ち着いてくるのです。

同じ言葉でも、言い方を換えるだけで……

とはいえ、自分のミスが原因のトラブルの時、「自分を許せない」という状況に追い込まれてしまうこともあるでしょう。私も、重要な会議の開始時刻を間違えたり、他の予定とダブルブッキングしたりして、アポを取っていた関係者の皆さんを待たせてしまったことがありました。青ざめながら、「私のバカバカ、どうしてこんなポカミスをするんだよ〜！」と自分を罵倒《ばとう》し、「せっかくみんなが時間を割いて集まっているのに……」と落ち込み、激しい動揺を抱えながら電車で会場に向かいました。

こんな時、「ダメだなぁ、どうしてこうなんだろう……」という頭の中の批評家の声はどんどん大きくなります。この声のおかげで私の気持ちはますますネガティブになり、辛《つら》い気持ちになっていきます。自分がいくら反省し、悔い改め、自分を責め続けたところで、状況が変わるわけではありません。それなのに、頭の中の声は、もっと急げと焦らせ、失敗したと叱り、自分をさらに追い込もうとします。

そこで私は、「この頭の中の批判的で自虐的な声を、自分やみんなの役に立つものにするにはどうしたらいいか」と考え、自分の失敗を認めつつ、頭の中の声を肯定形にするなら、どんな風にすればいいかな、と考えました。昔読んで感銘を受けた『3週間続ければ一生が変わる――あなたを変える101の英知』（ロビン・シャーマ著、海竜社）に書かれていた、「人間は、どうしたら困難な状況をより賢明でより良い方向にできるのか考え、解決策を見つけることができる」という言葉を思い出したのです。

頭の中で自分を罵倒する言葉を肯定形へ変換すること。そして、自分を責めない言葉遣いにすること。こうして私は「ネガポジ変換」スキルをトレーニングしていきました。

これは、以前、私が自分のコーチから教えてもらった『新版　すべては「前向き質問」でうまくいく』（マリリー・G・アダムス著、ディスカヴァー・トゥエンティワン）にも前向き質問について書かれており、そこから学び、実践しているうちに自分の体にしみこんでいった手法でもあります。

この時も私は、「どうして自分はダメなんだろう」という言葉を、

「どうしたら、二度と同じ失敗をしないようになるんだろう？」
「この悔しさから学べることは何かな？」
「今、何をするのがベストなんだろう？」
「この状況をチャンスに変えるとすれば、何をしたらいいんだろう？」

と変えることにしました。

そして、時間を無駄にさせてしまった人に対しては、言葉を尽くして謝り、「どれだけお詫《わ》びを伝えても足りないくらいだけれど、それでも、力を貸してもらえてありがたい、欠点だらけの自分を見捨てず、このプロジェクトが発展していく可能性を感じ取ってくれて嬉《うれ》しい」と、感謝の気持ちを伝えたのです。

自分に対して、「○○べきだ」「○○しなくては」とプレッシャーを与えて自分を追い込むような言葉が頭の中にわき起こる時は、

「○○できたらいいな」
「○○するといいな」
「○○できそうだな」

という前向きな声、主体的な言葉に変換すると効果的です。

「なんとかしないと」と考えると、手詰まり感があり、のっぴきならない感情を自分に与えてしまいます。そうではなく、

「なんとか、する」
「なんとか、なる」
「なんとかできそうだ」

と言い換えると、頭が解決策を探して回転し始めます。

家でなくしものをしてしまって、それがとても大事な書類だったり、子どもの宝物だったりして、しかも、すぐに出かけなければならないような、急いでいる状況であればなおのこと、「見つからない！」と慌ててしまうことがあります。そんな時、

「必ず（どこかに）ある」

「必ず見つかる」

と声に出して唱えます。それでも見つからなかったら、

「誰に聞けばいいかな、どこを調べればいいかな……」

とネガポジ変換します。自分で自分の不安を増強するのではなく、前向き質問をすることで、自分の発想をポジティブシンキングに変えるのです。こうした変換例を１１４、１１５ページの図表で一覧にしていますので、参考にしてみてください。それらの言葉が口をついて出てきて、「習慣」といえるくらいに定着すれば、しめたものです。

もちろん、脊髄《せきずい》反射のようにネガポジ変換を習慣にするためには、何度か繰り返す必要がありますし、私もすぐにできたわけではありません。これまで何度も、落ち込み、悩み、そのたびに、自分を追い詰める言葉にからめとられてしまうこともありました。しかし、仕事、子育て、執筆や講演、講義、新型コロナウイルス対応、急に飛んでくる依頼事項など、次か

ら次に自分で動かなければ事態が変わらない出来事が起こります。悩んでいることに費やす時間がもったいない、と感じた私は、できるだけ建設的な思考に切り替えるため、次第に、頭の中に強力なネガポジ変換機を作り上げていったのです。

このスキルは、子どもの頃から鍛えると効果的です。内容に惹《ひ》かれて私が数年前に監訳した『ママドクターからの幸せカルテ』（ウェンディ・スー・スワンソン著、西村書店）の中でも、精神科医のジム・ウェブ博士の研究として、子どもの頃から、私たちが、頭の中で自分を批評する声（Self-talk）にさらされていることが書かれていました。

「もっと急いで」「もっと上手に」「しくじった」「うまくできたかな」などのほか、自分の失敗や失言について、子どもの頃から私たちは他人が思うよりもずっと大きく捉えてしまい、とくに完璧《かんぺき》主義であればあるほど落ち込み、感情面、知性面、創造力、感受性にマイナスの影響を与えるのです。[1]

とくに完璧主義で真面目、責任感が強い子どもほど、自分の失敗に悩み落ち込みがちです。私たちは、子どもを成長させるために、子どもたちが頭の中の批評をもっと建設的なアドバイスにつなげ、「前向き質問に変える力」を手に入れられるようサポートする必要があります。[2]

ネガティブ	ポジティブ
落ち込む…… やる気が出ない……	•自分をいたわる必要があるかも •ジャンプする前にしゃがみこんでいるような状況なのかも
予定よりも遅れている！	•ここから挽回するにはどうしたらいいかな •どこのプロセスを、誰に頼むといいかな
失言した、恥ずかしい	•ここから学べることは何かな •次はどう準備しよう？
失敗したかも。 みんなが私のことを 嘲笑しているのではないか	•もっと謙虚になろう •自分はみんなのおかげで気持ちよく過ごせていたのだと改めて思い出そう •みんなの信頼があってこそ働けていたのだと気づけた •みんなのために働こうとモチベーションが上がった
なくしてしまった、 見つからない！	•必ずある、必ず見つかる、どこかにある
なんとなくモヤモヤしている	•どうしたら前向きな気持ちになれるかな •どんなことをしたらモヤモヤが晴れるかな •誰に聞いてみようかな
○○がないとできない	•○○があればできる
うまくいかない	•どうすればうまくいくかな？

「ネガポジ変換」のボキャブラリー

ネガティブ	ポジティブ
締め切りに間に合わない！	• 間に合わせる！ • 100%は無理でも、どの部分なら間に合うかな • どこまでなら、間に合うかな • いつまでなら、できそうかな
仕事が多すぎてパンクしそう！まずい！	• あちこちから引っ張りだこなんだな • 自分は必要とされているんだな
どうして朝早く起きられないんだろう……	• 明日は、どうしたら起きられるかな
どうして忘れちゃったんだろう……	• どうしたら忘れないようにできるかな
引き受けた仕事ができていない！まずい！(自分にしかできない仕事の場合)	• 自分の時間を作るために、誰にヘルプを求めればいいかな
引き受けた仕事ができていない！まずい！(自分ではなくてもできる仕事だと気づいた場合)	• この仕事をするためには、誰の力を借りるといいかな • お願いできそうな人はいるかな • 一部でも、すでにあるものを使える部分はあるかな
注意された時、イライラして言い返しちゃったな	• 自分が大事にしている点を突かれたんだな • ここは自分の価値観に近い部分なんだな
どうしてできないんだろう……	• どうしてもやりたいんだな • 自分はできるようになりたいんだな • どうしたらできるんだろう

そしてこれは子どもだけでなく、大人も同様です。私たちは、自分の失言や失敗を、自分の貢献やよい行いよりも多く覚えているものなのです。

試しに今日あった出来事のうち、良かったこと・できたことと、できなかったこと・うまくいかなかったことを数えてみましょう。さて、どちらのほうが多かったでしょうか。

ここで、もう一つ質問です。その、できなかったこと・うまくいかなかったことは、本当に「誰から見ても」うまくいかなかったこと、なのでしょうか。自分ではできなかったと思っていることは、誰でも、いつでも、簡単にできるようなことばかりではなかったはずです。

自分は、自分にとって、時に、最も厳しい批評家となってしまうのです。

私も、自分の人生が思った通りに進まなかったり、うまくいかなかったりすると、たいていの第一次反応は「ばかだなぁ、こんなことをして」「私は、どうしてこうなんだろう」「しまった、まずい」というネガティブなものになります。そうした言葉が頭の中で響き、自分を責めそうになります。

自分の頭の中の批評家を追い払おうとしてもうまくいきませんので、そんな時はまず、「どんな言葉で怒られているのか」をしっかり認識し、受け止めることにしています。そして、その後に「ネガポジ変換」を思い出し、実行するのです。

例えば、

NG例「ばかだなぁ、こんな失敗をして」
↓「過去は巻き戻せない、どうしたらここから挽回できるかな」
NG例「私は、どうしてこうおっちょこちょいなんだろう」
↓「たしかにうっかりしていた、軽率だったけれど、この被害を最小にするにはどうしたらいいかな」
NG例「しまった、まずい」
↓「今からできることはないかな」「誰に相談すればいいかな」「いの一番に謝るとすれば誰かな」「二度と同じ目に遭わないよう、ここから学べることは何かな。予防策は何かな」

いかがでしょうか。自分なりの前向き質問をイメージできそうですか？　もしできそうなら、頼り先を探し「上手に頼る」準備ができてきているといえます。なぜなら、誰かに頼りたい時は、そのポジティブに変換された言葉や質問をもとに相談相手を思い浮かべ、すかさず先に紹介したＫＳＫという受援力の３つのポイント（87ページ）に従って、頼りたい相手に伝えてみればいいからです。

物事を「ポジティブに捉える」

私はこれまで、仕事と子育てを続ける中で、このネガポジ変換スキルに何度も助けられてきました。

10年以上も前、自分が臨床現場で、短時間勤務をしていた時のことです。夜遅くまで働いている同僚に対して引け目を感じることもありましたが、次のように考えるようにしました。

「今は短い時間しか診療できないけれど、患者の生活、家族との関係、子育てや介護の苦労をゆっくり聞いてくれる、わかってくれるという医師が、これからの社会には必要だ。医師に話すだけで痛みが癒《いや》されることもあるだろうから、話だけはじっくり聞こう」

「自分が必要とされるところで、自分にしかできない役割を探して働き続けていれば、役立つ時はきっと来る」

子育ては期間限定ですし、毎日待ったなしの連続ですが、ここで経験値を積めば、人間として成長できます。全体を俯瞰《ふかん》して空いた時間をうまく使うマネジメント術や、洗濯、料理、話し相手などを同時にこなす家事のマルチタスクは、仕事でも活《い》きるスキルです。乳児は言葉が通じませんし、不条理な難題を突き付けられることもあります。これは、ノンバーバル・コミュニケーションの重要性を再認識し、忍耐力を強化し、相手への配慮を示す方法を考えることにつながります。時間内には仕事を終わらせて帰らなければならない子育ての経験が効率化・時間管理・リスク回避などの仕事力を上げますし、「子どもが運んできてくれる世界」や「知らなかった自分」に出会うチャンスだ、とポジティブに捉えるようにしました。

とはいえ……このストレスフルな時代に、こうしたことに自分一人で対処できるかというと、それはとても難しいことです。

子どもが大事だからこそ、家族が大事だからこそ、ストレスが溜《た》まるのです。自分が大事にしているものだからこそ、心をかき乱され、思い通りに進まないと、怒りや失望がわいてきます。であれば、子育てのストレスを仕事で解消して、仕事のストレスを子育てで解消することができる、と考えてみるとどうでしょうか？

保育園に行っている時は子どもと離れているので、子どもの可愛い部分、いとしい部分だけが思い出されます。いつも一緒にいなくてはいけないわけではない。育て方にいい悪いはない。子どもが可愛いからこそ、子育ては本当にストレスフルだからなおのこと、自分の仕事で気分転換し、発散する時間を作るほうがストレスの相殺効果がある、と良い面を探すようにしたのです。

少し話がそれましたが、あらゆる場面において、受援力によって心に余裕を生めるかどうか、ポジティブに捉えられるかどうかで、その経験は「困難」「障害」にもなれば、「学び」や「チャンス」に変えることもできます。「今は助けてもらってばかりだけれど、子育ての経験を積むことは、いつか、必ず社会のために役立つ」と思い、今日も、6人6通りの子どもの成長とハプニングに向き合っています。

実例——私の頼り方

ポジティブな言葉に変換することは、「打たれ強くなる」経験を重ねていくことでもあります。

皆さんも「これは、無理!」と思う経験をしたことがあるのではないでしょうか。例えば、仕事でも家庭でもすることがたくさんあり、1秒でも時間を惜しみながら回転するように過ごしている日常の中に、割り込む形で緊急事態が発生した。自分が対応しなければいけないこと、時間をかけなければいけないことが発生した。自分の病気、家族の病気、思わぬ紛失物、家電製品の故障、などなど……。

Disaster（災害）は大地震や水害などを指す言葉ですが、大規模災害でなくとも、人生の中で、災害に遭ったかのように感じる経験があります。日々の小さなトラブル、予想外のアクシデントにいたっては、もっと頻繁に遭遇することがあります。

そんな時、自分のダメージを回復しながら、日常生活のほうも立て直そうとする――これはもはや曲芸で、一人ではとても時間がかかりますし、エネルギーも必要になります。ショックを受けている時は「被害者的な気持ち」になっているため、そのショックから回復するために余計に時間がかかります。また、誰かの力を借りるとよいとわかっていても、頼るためのエネルギーが下がっているため、人に頼るタイミングが遅くなりがちなのです。

まず、自分が立ち直り、回復するためのレジリエンス（しなやかな回復力）を高めるためには、自分のショックや悲しみ、戸惑い、うっぷんを受け止め、傷ついている自分をいたわり、自己肯定感を取り戻す必要があります。そのためにも、人の助けを借りるほうが良いのですが、自己肯定感が下がっている時には、自分のために人の時間を割いてもらうことすら、とても気の引ける行為だと感じてしまいます。

こうして**「エネルギーが足りない」「自己肯定感が低くなる」という悪循環で、「人に頼る」ということ自体ができなくなってしまう**のです。

私の「Disaster」は、前述の子どもの不登校でした。

コロナ禍の影響か、それまで元気に学校へ通っていた小学生の息子が突然、学校に行きたがらなくなり、家族の皆が驚きました。私にとっては、元気に通学している子どもを喪失したような体験です。生き生きはつらつと元気に友人と遊んでいる姿は見られず、朝起こそうとしても起きてきません。食事もとりません。家の中にこもり、日常生活のリズムも乱れてしまいました。

子どもが辛い時こそ、自分が笑顔で温かくどっしりと構えていなければいけないとわかっているはずなのに、私まで気持ちがふさぎ込み、ありとあらゆるＳＮＳや、社交的な場を避けるようになり、「自分は、母親失格だ。子どもが辛かったのに、気づけなかった」と自分を責めていました。アメリカの精神科医であるエリザベス・キューブラー・ロスの「喪失の５段階プロセス」（否定し→怒り→何かに頼り→うつ状態になり→やがて受け入れる）のどこか途中を自分は歩いているんだろうな、と思って、半ば投げやりになったり、なんだか落伍者のような気分になったり、無力感や罪悪感、厭世《えんせい》感でいっぱいになったりしました。

こういう場合、専門書によれば、「子どもが無条件にこの世界に愛されている」という実感と安心感が必要だそうで、そのためには、

①家族以外の外とのつながりを持つこと

②自分自身を丸ごと肯定してくれる場にいること

③変化を期待しないこと

がとても重要になってくるのだそうです。「ただその場に一緒にいる」という時間を十分に取ることが大切であり、その「共にいる」ということが、ゆっくり育《はぐく》まれていく、これが本人の中の変容の土台となるそうです。親や家族にできることはこの土台になることだと思いますが、とても長い時間がかかりますし、外からは何も起こっていないようにも見えるため、何をしても手ごたえを得られずとても焦《じ》れったく思いました。

1滴ずつ変化への契機となる水が溜まり続け、いつかコップの水があふれるように、なんらかの自発的行動につながる——様々な本や人の話からそう聞いてもなお先行きが見えず、「この状況が、いつまで続くのか」と、暗澹《あんたん》としてしまいました。

これまで私は、「いつもニコニコ笑っている親になるために」と、できるだけ完璧主義を捨て、家事や育児を切り盛りしてきました。でもそれは、子どもが元気に保育園や学校に通ってくれればこそです。今は、ただただ、子どものそばにいて、子どもが楽しいと感じることと、したいことに付き添うのが親の役目だ、と思いましたが、今度は仕事のほうが回らなくなり、行き詰まってしまいます。私も夫もできるだけ仕事を休んでそばにいるようにしましたが、共働きで、不登校の子どもを持つ家庭は、いったいどうしたらいいのでしょう。

学校や自治体の所管課に電話し、フリースクールやフリースペース、地元の不登校児向けの支援リソースを探し、サポーターを探し……と、思いつく限りの頼り先を探しましたが、なかなか本人が行きたい、と思えるような居場所が見つかりません。

こんな時、つい「寂しい」「心細い」「学校や教育システム、地域社会から見放されたように感じる」と思ってしまいがちです。しかし、ここでも、ポジティブな言い換えをしようと考え、実践してみたのです。

「寂しい」「心細い」
↓「自分は支えを必要としている」「同じ困難に誰かと一緒に立ち向かってもらえると心強い」
「見放されたように感じる」
↓「見放されたくない」「つながっていたい」
「仕事の時間が取れない、いっぱいいっぱいだ」
↓「家庭でも、仕事でも、大事な役割なんだ」「あちこちから、必要とされている」

ここまで来たら、もうやけくそだ、と思うようなネガポジ変換もしてみました。

「手の打ちようがない」「八方塞《ふさ》がりだ」
↓「私が当事者となることで、他の当事者の役に立てるような解決策を見つけることにつながる」「解決策が、きっとどこかにある」「貴重な経験をさせてもらっている」

ネガティブワードが浮かんでも、それを否定するのではなく、それを認め、受け止めたうえで、自分の頭の中でポジティブな言い換えを繰り返し、「こうだとも言えるな」と発想の転換をするように努めました。

こうしてできるだけ前向きな気持ちでいよう、子どもの前では笑顔で、おっとり構えていようと思いましたが、実際はなかなか現状を肯定できず、周囲に自分の子どもが不登校だということを打ち明けられず孤独な気持ちでいました。

しかし、ある時ぽっと気が緩んで、他の人に「自分の今の一番の悩みは、子どもの不登校なのです」と話したことがありました。すると、話す人話す人、ほとんどの皆さんが、家族や兄弟、親せきに不登校の子がいること、同じように親が悩んで辛い思いをしているということを話してくれたのです。おそらく私に気を遣ってくれたというのもあるのでしょう。また、「あなただけじゃないよ」という配慮を見せてくれたのかもしれませんが、私は、自分一人ではないんだ、と感じてホッとしました。そして、こうして愚痴を言うことも広義の受援力なのかもしれないと、学びが深まりました。

久しぶりにメールのやりとりをした大学院時代の先輩は、今の自分にピッタリな言葉をくださり、心を打たれました。


〜前略〜

自分も子どもたちがどうなるかわからなかった頃は本当に不安で辛かったです。そういったことは大変でしたけど、今となればいろいろなことを勉強させてもらいましたし、よかったこともたくさんあるなと思えます。

今はとにかく子どもたちが生きていてくれればそれでいい、と思っています。

先輩風を吹かせるわけではありませんが、よく言われている通り、不登校になるのは親のせいでは決してないと思います。同調圧力の強い日本社会で、学校もまだまだ個性を認める体制が十分でなく、子どもたちが不登校になる原因はたくさんあると思います。きっと個性と才能が豊かな子どもが不登校になりやすいと、自分は信じています（親ばかですが）。

親が悲しい顔をすると、きっとお子さんも悲しいので、学校に行かないことを肯定してあげて、めちゃくちゃ優しくしてあげるだけでいいのではないでしょうか。少し遠くにいる人のほうが話しやすかったりすると思いますし、よろしければいつでも連絡ください。妻もいつでも話し相手になれると思います（笑）。
大変お忙しいと思いますが、できるだけストレスをためず、ご家族のため、そして世の中のため、力を存分に発揮して頂ければ嬉しく思います。
～後略～

そうして、**前向き質問に言い換え、人に愚痴を話し、弱音を吐いたことで、人に頼れるようになり、少しずつ悟りとあきらめの気持ちが芽生えてきた**のです。

このような状況の中、自分のレジリエンスが高まっていくのを感じました。これまでも何度か出てきたレジリエンスという言葉ですが、災害や紛争、トラウマからの回復だけでなく、人生のすべての局面で、レジリエンスという「脅威や困難などの状況下においても、うまく適応するしなやかさ」が支えとなる時があります。これは誰でも身につけられるものですし、自己肯定感を高め、楽観的になることを助けてくれます。そして、レジリエンスに支えられて気持ちが回復していくことで、同時に自分の問題を解決しようとする受援力が頭をもたげるのです。[3] 受援力とレジリエンスは、車の両輪のように、私を助けてくれたのでした。

頼んだけれど断られた時の「言い換え」

ここまで、受援力（頼るスキル）を発揮する具体例を読んで、「自分も、やってみようかな」「そんなに良いことがあるのであれば、使わない手はないな」という気になってきてくださっていたら、それは皆さんの吸収力、向上心、柔軟性の表れです。

ただ、ここで、受援力を実践するにあたり皆さんにあらかじめお伝えしたいことがあります。

それは、頼る時は「ダメ元で」と考え、断られる可能性も頭に入れておくこと。**いくら自己ベストな受援力を発揮したとしても、100%うまくいくわけではない**からです。むしろ、2〜3割しか相談ごとが解決しないかもしれません。でも、あのイチロー選手ですら最高の打率は4割弱（メジャー最高打率は2004年の3割7分2厘。オリックス時代の最高打率は2000年の3割8分7厘）ですから、そう考えれば2〜3割でも十分な〝打率〟といえるでしょう。

いずれにしても、最初から、すべてがうまくいくわけがありません。ただ、この受援力を身につけ、使い続けて、自然に口から言葉が出てくるくらいになれば、打率は確実に上がっていきます。

私もこれまでの人生の中で、必死に頼んでも、相談しても、助けを求めても、なかなか支援にたどり着けないことがありました。自分が予想していたものとは違う反応があると、慌ててしまうものです。しかし、**思い切って相談したことを断られた時の「心の準備」をしておけば、ショックの受け方が違います**。断られたらこう言おう、という部分までセットにしたうえでの「受援力」なのです。

まず、助けを得られず断られたとしても、それを「拒絶」「批判」「個人攻撃」だと受け取らないことが大切です。そうでないとますます、孤軍奮闘しているかのような気持ちになり、殻に閉じこもってしまいます。

精一杯頼んでも期待するような答えが得られなかった時は、それを自分の失敗ではなく自分の学びと捉えてください。軌道修正するための材料とし、自分の受援力を改善するために活用するのです。

断られるのが怖い、拒絶されるのが怖い、という思いは誰もが持っている当たり前の感情です。それでも、断られることを想定内として受援力を発揮することで、皆さんは、一つ経験値を上げ、一歩解決策に近づいていくことができます。

それに、断った相手のほうも、少しは心の痛みを感じているものです。ですから、相談に乗ってもらえたかどうかにかかわらず、話を聞いてくれたことに対して敬意や感謝の気持ちを示し、人間関係をつなげておくことが大切です。

もう一つお話ししますと、**どんな疑問詞を使うかでも、受け取る印象は大きく変わります。**英語の表現で、「Why not（否定形：どうしてあなたは〇〇ないのですか）……?」は、責められているようなニュアンスがあり、「What makes you do something?（何があなたをそうさせているのですか?）」は、冷静な質問と受け取られやすい、という話を聞いたことがあるのではないでしょうか。どの疑問詞を使うのか次第で、印象はがらりと変わるわけです。

相手が責められているとは感じない、あくまで相手のことを信頼し、チームの仲間として相対する表現――それが、What makes you do something? のように、What を使う言い方です。日本語でも、「どうしてできないのですか?」ではなく、「何があったらできそうですか?」と言ってみると、風向きが変わります。

例えば、頼んだことが「できない」と言われたら、「何があったら、できますか?」「いつなら、やってもらえますか?」と前向き質問で聞いてみる。その相手には頼まず他の人に頼もうと思った時も、「あなたには、もう頼みません」ではなく、「言いにくいことを伝えてくれてありがとうございました」「言ってもらえたおかげで自分が失敗した理由がわかりました」と、感謝を伝える。どんな反応が返ってきても感謝で終わらせることで、その人とはいつかどこかでまた助け合えるようになります。

断られた時の受け止め方

私も、心に余裕のない時ほど、「せっかく勇気を出して頼んだのに！」「こんなに困っているのに、力を貸してくれないの？」と悲しくなって、相手との距離を感じることがあります。

皆さんも、「おまえになんか、もう頼まない！」と思ったことがあるのではないでしょうか。私は、そんな時、怒るのではなく、「貸しを作った！」と思うようにします。強がりかもしれませんが、

「今回断ったことで先方も少しは罪悪感を抱いているだろうから、次にもっと上手に頼めば、この人も、向き合ってくれるのではないか」

「次は、今よりずっと良い頼み方ができるかもしれない」

と捉え、一度断られても、その縁を切らず、もう一度何かあった時は頼んでみようと楽しみにしておくのです。あなたが失うものは何もありません。そして得られるのは、受援力と経験値がアップして、もっと良い方法で頼めるようになった自分自身です。

例えば、新しく配属された部署で、過去に作成された資料を貸してほしい、前任者が使っていたスライドを使わせてほしい、参考資料を見せてほしい、と言っても応じてもらえず、自分が一から作らなければならなくなりそうだ……という時。あるいは、準備時間がなく、待ったなしのプレゼンをしなくてはならなくなったが、できるだけ省エネを図りつつ、顧客に対して質の高い内容を提供したい……という時。はたまた、とにかく何回頼んでも依頼したものが出てこない時。

そんな時は、次のような前向き質問で返してみると、前に進むことがありますので、試してみませんか。

NG例「これだけ頼んでいるのに、ダメなんですか？」

↓「どうしたら、（いつ）（どこで）これまでの資料を出してもらえますか？」

NG例「急いでいるんです。明日、必要なんです。必要な書類が、どうして出てこないんですか？」

↓「どこを探せばいいですか？」「誰に聞けばいいですか？」「私が探すなら、どこのフォルダを見ればいいですか？」

NG例「このデザインを1週間で修正してほしいという依頼がきましたので、タイトなスケジュールですが、お願いします」

↓「この修正、全量とは言いませんが、最初の1ページなら、明日お返しいただけそうですか？　全量のうち、3分の1までなら3日くらいで終わりそうですか？」「もともと納期まで1か月以上と念押ししておけばよかったですね」（仕事を全部見せつつ、細切れにして、できたものから送ってもらいつつ、自分の反省点も具体的に伝える）

NG例「この内容のお願いでも、ダメですか？」「もうそちらには依頼しません」

↓「こうしてはっきりと言ってもらえたおかげで、自分の反省点や引き受けてもらえない理由がわかりました」「最初の要件定義の時に、もっと細かく指示を書くべきでしたね」（自分の改善点を挙げる）

↓「スケジュールがタイトである場合、これからは、そのことを初回打ち合わせで確認し、それぞれの工程でデッドラインを切っておくといいですね」（仕様や納期に関する誤解から始まった不信感がエスカレートしないようにする）

これらの言葉は、私の限られた職業経験において実際に使ってきた言葉ですが、様々なビジネスの現場でも応用できる言い方があるはずです。皆さんも、「頼みごとがうまくいった時、どういう頼み方をしたか」「断られそうになった時、どんな返し方をしたか」を思い出してみませんか。

同僚との「対立」を避けるために

Conflict management（組織内で衝突が起きた時に、当事者同士がWIN‐WINになるように対立を解消する方法）という言葉があります。この領域における研究では、**取引先や社外の人間よりも、同僚のほうが対立構造になった際に手ごわい**ということが明らかになっています[4]。

そのような時は、怒りや恐怖という感情に自分の脳をハイジャックされないようにしなければなりません。困った時こそ、「相手も困っている」という前提の下、相手の指南役や専門家になったつもりで、ニーズを探り、話をして、共通のゴールだけではなく、相手の抱えている悩みを聞き出すようにします。

もちろん、初対面の人と交渉する時、締め切りに追われている時、圧倒的な権力や地位の違いに対処する時、契約を結ぶ時など、ストレスが高く、利害関係の強い状況では信頼を築くことは難しいものです。

しかし、信頼を得るための第一歩として、自分が信頼に足ることを示すこと、つまり受援力を発揮する時と同様に、「相手に敬意を払うこと」「存在承認と感謝を伝えて信頼を醸成すること」は、長い目で見ると、相手との交渉を進める近道であると思います。

そのうえで、どのように交渉し、「頼る」といいのでしょうか。人は誰でも、批判されたくない、評価されたくない、人に指図されたくない、コントロールされたくない、という気持ちがあります。そんな時には、次のようなことをまず考えてみてください。

・相手と勝負したいのか、それともＷＩＮ‐ＷＩＮでいたいのか
・自分が信頼されたいのか
・相手が自分のイメージから何を受け取るか
・長い目で見ると、相手とどうなっていればストレスが少ないのか
・私はどうしたいのか

これらを考えたうえで交渉を始めます。そして、何かを頼むような時にも、前述した「I message」を意識するとうまくいきます。

NG例／You message「これだけ頼んでいるのに、ダメなんですか？」「どう頼んでもお気持ちは変わらないんですね」「そうですか、わかりました」

→I message「（私は）もっと早くお願いすべきでした」（うまくいかなくても禍根を残さず、自分を改善するためにこの経験をどう活かすか、この教訓から何を学ぶかを考える）

→I message「（私が）ここで教えてもらえたおかげで、あとから困った目に遭わずに済みました」（もっと遅くに発覚することに比べればましだと考える）

→I message「（私は）言ってもらえたおかげでできなかった理由がわかりました」（自分の改善点を挙げる）

→I message「長い目で見れば（皆にとっては）こちらのほうが良かったかもしれません」（もっと長期的な視点に立つ）

このように、I messageから始めると、相手への批判ではなく、自分自身はどう思っているのかという、自分の気持ちを出発点にして交渉をスタートさせることができます。

周りから見えるのは、外に出た「言葉」

話す内容は同じであっても、順番を変える、主語を変えるだけで、相手の受け取り方は大きく変わります。

「誰か、手伝ってくれないかな」「誰でもいいから、教えてもらえる？」

と言われた時と、

「あなただから、相談したい」「あなたの力を借りたい」

と言われた時では、どちらのほうが手伝いたいと思うでしょうか。

もし頭の中では、「困っていて、焦っていて、どうしよう！」とパニックになっていたとしても、そこで、「誰か、助けてほしい！」ではなく、「〇〇さんに、相談したい」と言えるかどうか。

「敬意」のところでお話ししましたが、ポイントは「〇〇さんに」というところです。個別具体的な頼り相手として特別扱いをし、相手への敬意と尊敬をきちんと伝える、これがポイントとなります。また、〝謙譲〟と〝尊敬〟の敬語表現についても前述しましたが、「自分なんて……」というマインドで謙遜《けんそん》するのではなく、「あなただから、頼りたい」と相手への敬意を強く示すことも忘れないでください。これにより、「自分が頼ることで相手を利用している。私は自己中心的なのでは？」といった、頼ることへの心理的ハードルも低くなります。

頼る相手への敬意と尊敬を込めて、ＳＯＳを出す――これができるようになったらあなたの受援力は、ダイヤの原石が磨かれて宝石になるように輝きを帯びていきます。そうなれば、どんどん実践したくなるでしょう。

「感謝を伝える」バリエーション

ここまで、あの手この手の「感謝の言葉（伝え方）」を紹介してきましたが、これ以外にもいくつか方法はあります。みなさんも自分なりのボキャブラリーを一覧にするなどして溜めておくといいかもしれませんが、ここでは、そのほかの「感謝の言葉（伝え方）」を補足として紹介しておきます。

まず簡単なところから。誰かに何かの力になってもらった時に、「お世話になりました」と言うことがありますが、そんな時、「お世話になり、ありがとうございました」と、必ず感謝の気持ちを添えるようにします。「お世話になりました」を定型句として使っていると、意外と忘れがちかもしれません。

また、「ありがとうございました」に加えるものとしては、97ページの表にも挙げました

が、

「ご相談して良かったです」
「励まされます」
「心強いです」
「とても楽しかったです」
「私がこんなに頼れる人はあまりいないんです」

なども候補となります。こうすれば、他の人に頼った時との差別化もでき、特別感を添えることもできます。

やってしまいがちなのが、「すみません」のような言葉を付け足してしまうこと。感謝を伝える時に、謝る必要はありません。

「お手間をおかけして申し訳ありません」

ではなく、

「お手間をおかけしました」

だけで十分です。

頼ったからといって自分をことさら貶《おとし》めず、相手も立てる。次に、相手から頼られやすい存在になれるよう、「次は何か恩返しさせてくださいね」「今度は私がお礼に手伝いますよ」と、次の楽しい機会を予感させるような言葉を添えるといいでしょう。

感謝を伝える方法

「心から感謝しています」「感謝の言葉しかありません」「なんとお礼を申し上げたらいいか」……。使い慣れていないと、「こんなことを言うと、わざとらしいのでは？」とためらってしまう人もいるかもしれません。

そんな人のために、なるべく自然に、感謝を伝える「自分の言葉」を見つけるためのポイント別に、具体例を紹介します（ポイントは伊藤守『絵で学ぶコーチング』[5]を参考にさせていただきました）。

① I message を派生させる

（例）「とても困っていたんです。でも、なかなか頼れる人が見つからなくて」「○○さんがいてくださって、ラッキーでした」「○○さんのこと、すごく身近に感じました」「これまでの人生では学べなかったことを、教えてもらっています」「いつもこんなによくしてもらえて、私は幸せ者です」「私は本当に恵まれていると思います」

②相手の「行動」自体に感謝する

（例）「お忙しい中、お時間を取ってくださってありがとうございます」「他にもたくさんのお仕事がある中、力を貸してくださってありがとうございます」「みんなが○○さんのようにするといいのに」「ここまで親切な人はなかなかいません」

③相手の行動の「影響・結果」に感謝する

（例）「こんなに良い影響を与えてくださって、感謝です」「こういうスキルを身につけているんですね」「おかげさまで、なんとかなりました」「丁寧な対応で、救われました」「説明のおかげで、すんなりイメージできました」「優しい語り口だったので、なんだか心が温かくなりました」

④第三者が相手から受けた影響をフィードバックする

（例）「子どもたちにも（部署のメンバーにとっても）良いお手本になりました」「○○さんにお世話になったこと、家族にも話しておきます」「後輩が、話を聞いてとても良い刺激を受けているそうです」「お客様も喜んでいました」

最後の「④フィードバック」について、ここでもう少し解説しておきます。
まず、元来「フィードバック」とは何か、引用しておきましょう。

フィードバックとは、感情的にならず、角を立てずに、ポジティブな方法で、人が目標に進み続けることができるための情報を与えること（評価ではなく）で、元来は学習者を助けるのが目的です。

なぜフィードバックするのでしょうか？　もしフィードバックがなかったら、たとえ自信にあふれた学習者であっても自分がうまくできているのかどうかを知る方法がありませんし、うまくいっているとしてもさらに強める努力が必要です。学習者は、誰もが自分たちの成果を知りたいと思うものだからです。

（Aronson J. How to Give Feedback to Learners. より著者訳[6]）

上手なフィードバックをするコツは、意外かもしれませんが、「単に見たままを共有し、事実を述べること」です。

例えば、部下に対して「あなたがエクセルを使っている時、ショートカットキーを多用しているのに気づきました」というような、観察に基づいたフィードバックは、言われた本人にも受け入れやすいものになります。I message で承認とともに伝え、フィードバックを相手へのギフト（贈り物）にすることができます。

ここで、上手なフィードバックをするためのコツを、TOFF（トフ）という語呂《ごろ》合わせで覚えておきましょう。TOFFが表すのは、フィードバックとは、

T／Timely「タイムリーにすべきである」
O／Ordered「順序よくすべきである」
F／Focused「焦点を絞るべきである」
F／Forward-looking「前向きな意見で行うべきである」

ということです。まず、「T／タイムリーにすべきである」とは、フィードバックすべき出来事が認められたら、できるだけすぐにフィードバックをするということです。休憩時間や翌日の勤務まで待つことなく、その場でフィードバックできると最も効果的です。また、良いフィードバックをチーム全員の前ですると、当事者のみならずチーム内の他のメンバーにも有益です。もちろん、もしフィードバックが辛口の助言を伴う場合は、1対1で行った

ほうが良いでしょう。

また、「O／順序よくすべきである」の順序は、「部下の良いところを評価することから始める」ということで、「できた点・うまくいった点→改善点」の順にすると効果的です。

「F／焦点を絞るべきである」「F／前向きな意見で行うべきである」についていえば、一回につき一つのフィードバックとし、必ず前向きなコメントをすると、受け入れやすくなります。イギリスの心理学者David Pendletonは、総合医学（家庭医学）教育の研究で、「学習者に良い点から伝え、その後、アドバイスや意見を与えると、最も効果的なフィードバックになる」ということを明らかにしています。

また、できれば部下に対して、フィードバックに対してのコメントを求めたり、向上するためにはどうしたらいいと思うか問いかけをしたりすると、なおよいでしょう。本人が学んだことを活かすための行動について話してもらうと、より高揚した気持ちで対話を終えることができます。

第4章「うまく主張する」「うまく断る」方法

「頼るスキル」を磨くポイント

ケース・スタディ

自分の仕事はすべて「自己責任」？　Eさん（20代、経理）

「学生の頃から『自分のことはきちんと自分で』と言われていたし、『自分の仕事をきちんと自分で』やるのは当たり前ですよね」

そんな風に考えるEさんのところには、仕事が溜《た》まりがちです。仕事は次々に降ってくるので「自分の仕事」は際限なく増えていきます。先輩にも「まず自分で調べ、考えてみて、どうしてもわからなかったら人に聞くんだぞ」「まずは自分の意見をつくることが大事だ」と教え込まれています。責任感が強いばかりに、溜まっていく仕事も抱え込みがちで、周りの人からはその人の仕事の中身は見えません。ある時、見かねた先輩は「自分だけでできなそうだったら、周りに相談するんだよ」と声をかけました。

「えっ？　どこまで自分で頑張ったらよくて、どこから他の人に頼っていいんですか？」

ケース・スタディ

周りが見えず「猪突猛進」？ Fさん（20代、新入社員）

社内研修を終えたばかりの新入社員Fさんは、徐々に仕事を任されはじめています。与えられた役割に一生懸命取り組み、きちんと作業をやり遂げようと毎日頑張っています。

「これは仕事なのだから、自分で頑張らないと」
「私が持っている知識を総動員して、なんとか切り抜けよう」
「任されたからには、『あなたに任せてよかった』と言ってもらえるようにしよう」

と、やる気満々。先輩はいつも近くの席に座っていますが、わからないことがあってもすぐに聞くことはせず、ウンウンうなりながら考え抜きます。

一つひとつ丁寧に仕事をするのはいいことですが、その分、時間がかかり、最近は残業も増えてきました。社内研修では、「誰かに助けてもらうスキル」や「誰かにお願いをして、割り振るのも仕事のうち」といった話は一切されませんので、社会人になりたてのFさんは、そもそも「頼る」という選択肢があることを、知らないのです。

自分の意見を「好感の持てる形」で主張する

「困っている、助けてほしい」と伝えることだけでもハードルが高いと感じる人もいるでしょう。しかし、私たちは言葉を使い、ともすれば言いにくい「困っているという自分の意見・考え」を相手にうまく伝えて初めて、助力を得ることができます。この**「自分の意見・考え」を上手に伝えるためのヒントになるのが、「アサーティブネス」**です。

アサーティブネスとは、「自分と相手をお互いに尊重しながら、自分の言いたいことを伝え、物事を前進させていくコミュニケーション・スキル」[1]のこと。相手を思いやりながら、良い人間関係を続けることができ、前向きな姿勢で意見を表明するスキルです。そしてその本質は、自分も相手も尊重しＷＩＮ‐ＷＩＮな関係を目指すことです。

ここのポイントは、「自分も相手も」というところでしょう。そういう意味では、本書のテーマ（受援力）の文脈においても、

・（仕事で困ったことがあり）「頼りたい」というメッセージを伝える

という場面で活《い》かせる考え方です。また、新たな仕事をこれ以上増やさないようにしても

らうことも「受援」の一つですので、

・(仕事がパンパンなので)新たな仕事をお願いされた時に上手に「断りたい」

という場合にもアサーティブネスは活かせます。

皆さんにも、「言いにくいな、どうしよう……」と、言葉を飲み込んでしまいたくなるような状況はありませんか? 例えば、

①断りたい時・気が乗らない時

②余裕がない時

③気兼ねしてしまう時、空気を読んでしまう時[2]

こんな時に、アサーティブネスを役立てて、相手を思いやりながら、良い人間関係を続けることができるような「上手な依頼の仕方」「上手な断り方」をするのです。

例えば何かを頼む時、こんな伝え方ができますか?

【何かを「頼む」時】

①相手を尊重

「今はあなたも忙しい時だとわかっています」

②自分も尊重

「でも、私は必要なデータが出てこなくて困っています。自分たちの仕事が大切にされていないのではないか、これでは間に合わないのではないかと不安になります」

③双方にとって最も望ましいゴールは何か

「私たちのプロジェクトの重みを一緒に感じてもらえると嬉しいです」「最初に決めたスケジュールより遅れそうな場合は早めに代案を示してもらえると助かります」「今のスケジュールは本当に現実的なものなのか、もう一度検討してみたいのですが、いかがでしょうか？」

アサーティブネスの背景

アサーション（アサーティブネス）は直訳すれば「自己主張」となりますが、もともと人種差別や性差別撤廃運動の中から人権回復のためにアメリカで生まれたものです。１９６０年~70年代のアメリカでは、人種・民族・性の違いによる差別と人権侵害に対する非暴力運動に取り入れられ、差別されている側の自己表現、立場の違いをふまえた感情の伝達法として広がっていきました。その中で、様々に表現を変えながら「自己主張の権利」が唱えられています。

反面、日本には奥ゆかしさを重んじ、はっきりした言葉で伝えることや、自分の気持ち・意見を強く主張することをよしとしてこなかった風土があります。日本でも、１９８０年代にアサーティブネスが紹介されていますが、伝統的に「相手のことを尊重する」習慣が大切にされてきたためか、「自己主張」＝「わがまま」「自分勝手」と捉《とら》えられてきたためか、このスキルを知らない人もまだまだ多いようです。

　しかし、私たちが周囲の人の意見ばかりを尊重し、自らの主張を表現せずに一生を終えられるかといえば、そんなことはありません。違う意見を持つ人同士が出会う機会が増えた現代では、日本でも、この技術が注目されはじめています。

　ここで、アサーティブネスを知らず「自己主張」をしない場合、私たちにもたらされるネガティブ・インパクトにはどのようなものがあるか考えてみましょう。

　自分の意見を言えない人は、自分の気持ちを抑え込む半面、何か悪いことが起こっても周囲に責任転嫁し、他人のせいにして、常に被害者的な気持ちを抱き、怒りやストレスを感じるでしょう。

　良いことが起こっても、得られた結果は自分の努力の結果だとは思えず、チャンスが現れても自分には無理だと決めつけ、自分が本当にやりたいことがわからなくなってしまうかもしれません。自分で決めたことは、周囲に受け入れてもらえないだろうと思い、あきらめ、それを人のせいにし、仕事への意欲を失ってしまいます。短期的にはもめごとを避けられるように見えますが、周囲の人にはその人が自分の意見を言わないこと、不満や不安を隠していることが伝わっています。「この人、何を考えているかわからない」「本当にこう思っているのかな」「表面的な言葉しか言わない」という印象を与えるため、信頼関係を失い、誤った評価や結果を招くことにつながりかねません。

次に、人が自分の意見を持っていてもそれを口に出せないと、仕事相手や自分の所属先にとって、どんなデメリットがあるでしょうか。

自分自身の持つノウハウや能力に自信を持てない人の場合、「私のやっている程度の工夫なら他の人もきっとやっているから、わざわざ共有するまでもないだろう」「平凡な能力の自分が、他人を助けるなんておこがましい」「自分レベルのノウハウなら誰でも持っているだろうから、教えてあげる必要はない」と思ってしまいます。

経験に裏打ちされたスキルや、その人が持つ独自の知識やコツは非常に価値あるものなのに、自信がないため、他者と共有することに対しても消極的になります。そして、誰かに意見を求めたことがないので、助言を求める人の気持ちもわかりません。

一人ひとりが自分の意見を言えることは、ビジネスの世界での相互支援・協働を促すことにつながります。そして、自分の意見が受け入れられているという実感が高い人ほど、自己肯定感を持ち、他者を大切に扱うので、お互いがお互いを認め合う土壌が生まれます。私たちは大いに「自分の意見を言うべき」なのです。

コミュニケーションの３パターン

アサーティブネスの度合いは、コミュニケーションをとる相手や状況によって変化します。気心の知れた友人とのコミュニケーションであればできることでも、高圧的な態度の人や年の離れた上司、専門家、他部署の相手、異性の上司・部下など、場合によってはアサーティブになれないこともあります。コミュニケーションの相手や自分の自信の度合いによって、態度が変わることがあるのです。

普段の私たちは、どんなコミュニケーションのとり方をしているでしょう？　アサーティブネスの考え方では、コミュニケーションを、

①攻撃的（アグレッシブ）
②受け身的（パッシブ）
③アサーティブ

の３つのパターンに分けることができます。

①攻撃的な自己表現――相手を尊重せず、相手を大切にしないタイプ

「オイ、今日、学校が終わったら空き地でリサイタルの練習をするからすぐに来いよ！」

「来なかったら、ぶっ飛ばすぞぉ！」と言う、『ドラえもん』のジャイアンのイメージ。

②受け身的な自己表現——言いたいことがあるのに、自分の意見を言い出せない

心の中で（本当はあやとりの練習をしたいんだけど……）と思っているが言い出せず、「あっ、あ～。え～～と」と返事をしないでいるとジャイアンににらまれて、「……それじゃあ、行くよ」と言ったものの、帰宅すると、「ドラえも～～ん！」と泣きつくのび太《た》のイメージ。

③アサーティブな自己表現——自分の気持ちも大事にし、相手の気持ちも大事にする

「あら、みんなで楽しそう。でも、今日は前から約束していた用事があるの。来週なら大丈夫だから、また誘ってね」というしずかちゃんのイメージ。

アサーティブな表現を使えるようになることで、自分の意見を言うことができ、相手の学びや気づきになり、自分のストレスも、相手のストレスも減ります。そして、トラブル対応でも事務的な相談ごとでも、アサーティブネスを使って相手の立場に立った一言を入れるだけで対応が劇的に変わることもあるのです。

例えば日常的なコミュニケーションで、こんな状況はないでしょうか。

「子どもが言い訳ばかり言って宿題をやろうとしない」

「取引相手が約束の時間を守らない」

「部下が繰り返し同じミスをする」

こんな時、「アサーティブネス」を活用することで、相手に伝えたいことが、伝わりやすくなります。

また、次のような言葉によらないノンバーバル・コミュニケーションで存在承認を示し、アサーティブネスと組み合わせることで、相乗効果を発揮することができます。

視線——適度なアイコンタクトをする
姿勢——話している相手に顔を向けている
身振り手振りや相槌《あいづち》——適度にあり、タイミングが合っている
顔の表情——にこやか、真剣など、その場に合わせて豊かに表現する
声のトーン——落ち着いて安定している

これらは、**オンラインの映像コミュニケーションでも使えるスキルばかり**ですね。

アサーティブネスを自分で実践したいと思ったら、次に紹介するDESC法を使ってみてください。

「①Describe（説明する）→②Express（表現する）→③Specify（具体的な提案をする）→④Consequences（望ましい結果）」の頭文字を取った語呂《ごろ》合わせですので、覚えやすいと思います。例えば、次のような状況では、どのようにアサーティブネスを発揮するとよいでしょうか。頼る場合と断わる場合の両方のパターンを見てみましょう。

（シチュエーション例）今、急ぎの案件を抱えていて、明日の会議までに進捗《しんちょく》報告書をまとめなければならない。そんな時、以前お世話になったクライアントから、補助金獲得のための企画書を2～3日中に作ってもらえないかという依頼が来た。

①Describe（説明する）――客観的な事実や状況を伝える

（同僚にヘルプを求める）「明日の会議までにプロジェクトの進捗を報告する資料が必要です」

（新しい依頼を断る）「今、数社から同じような依頼を受けたところなんですよ」

②Express（表現する）――自分の意見、考えを伝える

（同僚にヘルプを求める）「データ整理とその分析、結果の解釈と今後の見通しをまとめたパワポを作るには、一人では到底間に合いそうにない」

（新しい依頼を断る）「今、ちょうど繁忙期で余裕がありません」

③ Specify（具体的に挙げる）――具体的な提案をする

（同僚にヘルプを求める）「自分はコンテンツをまとめるところまでやるけれど、君は資料作成がうまいから、パワポに落とし込んでもらえると助かる」

（新しい依頼を断る）「週明けならお手伝いできるのですが。先に既存の競合他社の取り組みについて、マーケティング分析を始めていてもらえませんか？」

④ Consequences（結論）――望ましい結果を示す

（同僚にヘルプを求める）「そうすれば、明日の会議で、課題やスケジュールがはっきりして進めやすくなると思うけれど、どうだろう。もう少し人員を増やしてもらいたいということも言える」

（新しい依頼を断る）「材料を集めてもらえましたら、こちらでそれをロジックツリーに落とし込めるので、予算計画書や企画書を作りやすくなります」

なお、最後の「C」は「Choose（選択する・代案を出す）」にすることもできます。

④′ Choose（選択する・代案を出す）――相手が提案を受け入れなかった場合の代案を示す

（同僚にヘルプを求める）「もし、お願いできないのなら、会議を来週に延期するよう提案してみます。または、同じようなプロジェクトをやっているA君に頼んでみます」

（新しい依頼を断る）「もし、お待ちいただけないのであれば、A社なら、こういう助成金の仕事に詳しいので、力になってくれるかもしれません。知り合いがいますので紹介しましょうか？」

私が公開している「受援力ノススメ」というパンフレットには、私がハーバードで学んできた交渉術や、このアサーティブネスの知識を詰め込んでいます。ここでは、「自分も相手も大切にしつつ、素直な気持ちを誠実に伝える」ためのボキャブラリーを中心に紹介していますが、芯《しん》にあるのは、みんなで助け合い、その助け合いが循環して回っていく社会にしたいという気持ちです。誰でも無料でダウンロードできますので、ぜひ、参考にしてみてください。ＵＲＬは次の通りです。https://doc.giftfor.life/giftfor-support.pdf

上手に「断る」ための感情の整え方

皆さんは「感情的な人」という言葉を聞いて、どんな人をイメージしますか？

カッカして怒りっぽい人や、よく怒鳴る人、すぐ落ち込む人などをイメージするでしょうか。とくにビジネスパーソンは、仕事と感情は切り分けなければならないと考え、感情を表すことをネガティブに捉える人が多いかもしれません。でも本当にそうでしょうか。

仕事上でも、感情を適切に表現することは大事なことです。もちろん、むやみに感情的になることを勧めているのではありませんが、前述のアサーティブなコミュニケーションをするためには、**自分の感情に向き合い、それを言語化できるかどうかが重要なポイント**になるのです。

あなたは、自分自身の今の感情がどのようなものか、言葉で表すことはできますか？「期待」「不安」「ワクワク」……など、いくつ挙げられそうですか？　様々な表現ができるようになると、よりアサーティブに意見を相手に伝えることができるようになります。例えば、怒りという二次感情を表す前に、その裏に隠れている一次感情である「失敗するかもしれないという恐れ」「理解してもらえなかったという悲しみ」「思い通りに進まないという不安」などに気づくことができれば、相手への伝え方を変えることができるのです。

「自分の感情」と向き合うために

「マインドフルネス」という言葉は最近よく耳にするようになりました。私は、前述の『ママドクターからの幸せカルテ』の翻訳に携わりながら、マインドフルネスについて学びたいと思い、2018年、マインドフルネス瞑想《めいそう》に精通している平原憲道《ひらはらのりみち》先生（現マラヤ大学医学部デジタルヘルス・イノベーション学科准教授）とちひろ先生ご夫妻に師事しました。マインドフルネスを学び、その必要性を痛感して以来、毎日のように自分自身が助けられています。

平原先生に教えていただいたマインドフルネスは「セルフ・コンパッション（Self-compassion／直訳すると「自分を思いやること」）」の一部です。これは、自分の心理面のバランスを取り、ビジネス上のコミュニケーションを円滑にするための基盤ともいえます。この理論を体系化したクリスティン・ネフ博士が提唱するセルフ・コンパッションの三要素は、

①自分が「いま・この瞬間に起こっている身体的・感情的・心理的痛みへの〝気づき〟を持つこと（マインドフルネス）」

②「自分自身のニーズに寄り添い、思いやり・慈しみと共に自身をケアすること（セルフ・カインドネス）」
③「自分の悲しみは決して特別なものではなく、人として普遍的な体験であると知ること（コモン・ヒューマニティ）」

というものです。「セルフ・コンパッションは自己憐憫《れんびん》である」と思われる人もいるかもしれませんが、セルフ・コンパッションを取り入れる人のほうが、自分の不幸に引きずられないことが判明しています。また、「セルフ・コンパッションは弱さの裏返しである」ように感じるかもしれませんが、実はレジリエンス獲得とリスクマネジメントに際しての最強の武器であり、乗り越える（survive）だけでなく、それを踏み台に成長する（thrive）ことも可能にします。[34]

私たちが自分自身の感情とうまく付き合い、対処するためには、自分の「今、ここ」の感情について客観的に認識できるようになることが、最初のステップです。自分の感情を受け止め、感情に振り回されるのではなく、感情の在り方や居場所を確認し、そのうえで、アサーティブな頼み方、あるいは断り方ができるようになるのです。

上手な「断り方」

マインドフルネスとアサーティブネスを活かし、自分の感情を大事にし、相手のことにも配慮しながら前向きな姿勢で「断る」にはどうしたらいいでしょうか。

簡単なステップとしては、①相手の気持ちを受け止めて謝り、②できない理由を伝え、③相手と一緒に代案を考え、④相手をねぎらう、という段階を踏むと、たとえ断っても相手のことを大切にしているというメッセージが伝わります。

①相手の気持ちを受け止めて謝る

「とてもお手伝いしたいのですが、申し訳ありません」

②できない理由を伝える

「今日は前から約束していた用事があるんです」「今はできないんです」「別の仕事を頼まれているんです」「なんだかとても疲れているんです」「他のプロジェクトが進まなくて、困っているんです」

③相手と一緒に代案を考える

「いつなら（または○○と一緒なら）、してもいいですよ」「代わりにこうしてはどうでしょう」「あの部署のチラシを参考にすればたたき台ができますよ」

④相手をねぎらう

「いつも、本当によくやってくださって……」「次回はお役に立ちたいので声をかけてくださいね」「できる人ほど仕事が集まってくるんですよね」「○月○日頃に、納品が終わったあとならお手伝いできるかもしれません」

また、最後に「今回は力になれないけれど、また相談してくれると私は嬉《うれ》しい」と付け加えるようにすると、自分が断ることの罪悪感が少し減ります。皆さんも、断れずに引き受け続け、結果として苦しい状況に追いやられるよりも、「また頼ってくださいね」と伝えつつ、上手な断り方をしてみてください。

次に、「自分と相手の両方を尊重する」という観点から有効な断り文句の事例も紹介しておきます。

【取引先との急な会議への出席を「断る」時】

①自分も尊重

「今日は予定があって、早く帰りたいのですが……ご期待に添えずにとても残念です」

「明日であれば、対応させていただきたいと思います」

②相手も尊重

「どうしても今日、プロジェクトの経過報告をする人がいないと困るんですね」

「○時から○時であれば、電話やオンラインで参加することができそうです」

「ほかに私にできることはありますか」

「今から書類を作成して、お渡しするというのはいかがでしょうか？」

③お互いを尊重

「今後はこのようなことがないように、対策も考えたいと思います。例えば、クライアントともう少しコミュニケーションを増やせるように調整してみます。また、クライアントには突然の出張が入りそうな日を前もって教えてもらうよう伝えるのはどうでしょうか」

「突然の打ち合わせについては、何日前までなら対応できると明文化しておくのはどうでしょう」

断る時も「I message」が有効

私たちは誰でも、自分の弱みを見せることに抵抗があります。心の中では不安に思っていても、いざ、他者を目の前にすると、どうしても口に出せないものです。

そんな心の中の「恐れ」「不安」を思い切って口にする。その勇気が、I message を生み出します。また逆に、I message を使うことで、相手を責めずに感情を表現することができるようになります。

I message は、誰も非難していませんし、自分が謝ってもいません。他人のせいにするのではなく、自分を卑下するのでもなく、自分の感情を素直に表すことで、アサーティブ・コミュニケーションを生むことができるのです。

「少し言いにくいのですが、その仕事を今日中に仕上げるのは難しいと感じています」
「この納期（スケジュール、１人体制）ではクライアントの期待する品質に届かないのではと焦っています」
「この体制では、抜け・漏れがあるのではないかと心配です」
「誰も経験したことがない状況なので、この進め方でいいのか、不安です」

こんな風に、自分が主語のメッセージで表現することを意識するだけで、断る時のコミュニケーションの方向性が変わります。

「素早く、順序立てて説明する」ための簡単な仕掛け

簡潔に物事を伝えたい時、何をどのような順番で言うと効果的でしょうか。

頼みごとをする時に、順序立てて説明するのが苦手という人もいるかもしれません。背景の説明を長々としてしまう、あるいは、言い訳めいた状況説明を丁寧に話してしまい、なかなか本題に入れない……など。

そんな時に役立つ、SBAR（エスバー）というツールがあります。医療安全における効果的なコミュニケーションを追求するチームSTEPPS（第5章で詳述）の中で紹介されているもので、コミュニケーション能力を高めるためのトレーニングツールの一つです。定式化されたコミュニケーション技術で、重要な情報を素早く順序立てて伝えることができる上、語呂がよいこともあり、看護や医療の現場で広がっています。「わかりやすく相手に伝えること」は「医療安全」に深く関与していることで、患者の安全に関わる医療従事者にとって、欠かせないスキルとも言えます。

人は誰でも慌てると、とっさに物事を順序立てて話すことが難しいものですが、語呂合わせをするように定型文が出てくるようになれば、しめたものです。「S」「B」「A」「R」という語呂さえ覚えておけば、話すべき「内容」と、話すべき「順序」を忘れなくなります。

この「SBAR」のそれぞれの英字が表しているのは、

S／Situation「状況」 何が起こっていますか？

B／Background「背景」 どんな背景がありますか？

A／Assessment「評価」 何が問題だと思いますか？

R／Recommendation「提案」 それを解決するには何をすればよいですか？


というものです。この内容、順番で話すことで、相手に素早く（緊急性を）伝えつつ、適切な対処をしてもらうことができます。基本的には医療従事者のための、緊急時のコミュニケーションに適したノウハウですが、ビジネス上でも、「とっさに言葉が出てこない」時に使えるメソッドだと思います。慌てている時、頭が真っ白になっている時も、「SBARで報連相」と思い出してみてください。以下、例を示します。

SBARで「報告」

S／クライアントとは明後日打ち合わせ予定
B／明日はワクチン接種で（健康診断で）休まなくてはならない
A／ワクチン接種後で体調が悪くなるかもしれないから
R／クライアントとの打ち合わせを来週に延期しました

SBARで「連絡」

S／データの分析が期限に間に合わない
B／クライアントは明日の午後の会議で進捗を報告してもらいたがっていた
A／先にクライアントのところに、納品が遅れそうだと連絡しておくほうがいいと思う
R／まずメール、そのうえで電話します

SBARで「相談」

S／前の会議が15分ほど押している
B／自分が次の打ち合わせに参加できるのは20分後

A／同僚が先に打ち合わせで資料を配付してくれれば、その間に資料に目を通してもらうことができる
R／ここまでは具体的な内容をメールで伝えてあるから、今日の資料を渡しておいてください。ついでに、先方が好きなサッカーやワインの話でも聞いておいてくださいね

受援力を発揮したい時も、この例のような順番で話してみてはいかがですか。
誰かに頼ろうとする時に自分の状況や言い訳を長々と述べてしまうと、報連相のうちどれを伝えたいのかがわからず、相手が不安になったり、不審に思ったりしがちです。でもSBARで話すと、相手がまず知りたい「客観的な状況」「報連相のどれなのか」「何を期待されているのか」が的確に伝わりますので、イライラさせることもなくなります。

SBARで「受援」

S／明日の会議を休まなくてはいけなくなりました
B／子どもが熱を出したので小児科を受診し、明日は看護休暇を取ります
A／会議資料はメールで送りました
R／資料を配付し、詳しい質問があったら持ち帰って検討しますと答えてください

SBARの実践例

実は私も最近、このSBARの考え方を実際に使い、助けを得ることができました。

2024年に入り、元日に起こった能登《のと》半島地震の被災地で奮闘する産婦人科医や助産師さんたちを支援し続ける中で、本職のほうに割《さ》く時間的余裕がなくなってしまいました。現地で苦労している人々の姿が胸に迫り、すぐ駆けつけることはできないけれど、最善の方策が取れるよう少しでも役に立ちたいと強く思い活動する一方で、以前から引き受けていた研修の資料準備などに手が回らなくなったのです。

ただ、その研修の主催者の方と緊急度の高いやりとりをした際にSBARに助けられ、また、新たな気づきを得ることができました。それは、「どうしても、SとBの説明に手間取りがちだが、伝えるべきはAとRだ」「これをKSKの気持ちとともに伝えることで、相手は動けるようになる」ということです。困っていればいるほど、SとBに熱を込めたくなりますが、私は、言い訳はしないようにしようと決めています。そこで、伝えるときに、「客観的なSとB、熱いハートでAとR」という具合に、緩急をつけてみたのです。

S／Situation（状況）

能登半島地震の被災地支援やメディアからの問い合わせ対応などがあり、予定より研修のスライド作成が遅れています。
B／Background（背景）
配付用スライドを2月9日までに提出するよう依頼されていますが、まだケーススタディができていません。
A／Assessment（評価）
「訪問看護システムやケアマネージャーの勤務における受援力」という不慣れなテーマで、資料の探し方がわかりません。
R／Recommendation（提案）
参考になりそうな資料を教えていただけますか？　または、皆さんがイメージしやすい事例を教えていただけると助かります。

主催者側のご担当者さんは、このSBARの重要性を誰よりもわかってくださっている方でした。そして、私の窮状を受け止め、スライド内容について的確なアドバイスをくださったのです。受援力を発揮したことで、「主催者側のニーズに沿って、一緒にスライドを作ってもらう」ことができた好例となりました。

もう一つ、応用編ともいうべきSBARの活用法を紹介します。

最近私が学びながら活用しているのが、ChatGPTなどの生成AIです。生成AIを活用しながら、論文検索、スライドの英訳、英文校正などをするためのプロンプト（AIに対して入力する指示や質問）の例は様々なところで紹介されていますが、私も先日、専門家から研究・教育の現場向けのプロンプトを学ぶ機会がありました。プロンプト構成要素として一般的に「①命令・指示、②背景・文脈、③入力データ、④出力指示」がありますが、私はこれら4点にSBARとの類似性を見つけました。つまり、生成AIに指示を出すときにSBARを応用することで、抜け・漏れなくプロンプトを書き込むことができるようになるのです。

S／Situation（状況）
議事録作成、英文作成、グラフ作成など実行させたい作業（命令・指示）

B／Background（背景）
何の授業（研修）で、何を学ぶ場なのか、など（背景・文脈）

A／Assessment（評価）
これまでにできている、または集まっているデータや資料、教材など（入力データ）

R／Recommendation（提案）

出力してほしい体裁、文体、表形式、文字数・ページ数制限（出力指示）

私は、この4点を押さえながら、具体例やデータ、出力イメージなどを繰り返し生成ＡＩに伝えることで、よりレベルの高い仕事ができるように心がけています。

第5章　「ソーシャル・キャピタル」と「チーム」

「頼るスキル」を磨くポイント

ケース・スタディ

「自分でやったほうが早い」と考えてしまう？　Gさん（30代、ベテラン社員）

Gさんは、仕事をする時に「細かいところ」がどうしても気になるタイプです。

仕事の負荷が重かったり、時間がかかりそうな時には、誰かに頼ることに躊躇《ちゅうちょ》はありませんが、そんな時も、他の人がやってくれた仕事のクオリティに満足できないことがあり、どうしても自分で手直しをしてしまいます。だからいつもGさんは、

「自分で最初から最後までやったほうが、早いし、仕事の質も上がる」

「だから、自分一人でやるほうがいい」

と考えています。ところが、すべてに自分一人で対応するため、精神は常に緊張状態、残業時間も増え、体調を崩しやすくなりました。それでも会社を休めばその分仕事がストップしてしまうことを考えると、なかなか休めません。

ケース・スタディ

頼れるはずの「メンター」に気づいていない？　Hさん（30代、企画職）

Hさんは、物事を確実に進めたいタイプ。何かを上司に相談する時は、直接会って説明しつつ、その場で結論を出して次に進みたいと思っています。ところが、肝心の上司は忙しく、なかなか接点がありません。

「すぐ相談したいのに、わざわざアポを取らなくてはいけないのか。今日もメールできなかった……」

「メールを書いて、背景込みで説明するのは正直面倒だし、メールを投げたところで返信がいつくるかもわからない状態は避けたい」

結局、相談はせず、後日まとめて報告することが多くなります。

「もっと、すぐに相談できる相手がいるといいのに」

という不満もありますが、どんな案件でも、部局をまたがずにすべて直属の上司に相談することになっていて、助けを求める相手が限られているのです。

「チームに頼る」という発想

頼るスキルを磨くには、第2章～第4章で紹介してきた「言葉の伝え方・言い換え」が効果的ですが、その背景として「自分が持っている考え方の転換」も大切です。とはいえ、性格や捉《とら》え方を変えることはそう簡単にはできないもの。そのため本章では、考え方の転換につながるヒントになる話をいくつか紹介します。

仕事術の本では、自分一人の努力で他人より先を行こう、成功しようという主旨のものが多いですが、ここではまず「受援力」をキーワードに、他者とのチームワークの中で上手にそれぞれの時間や強みを活《い》かし、助け合いながらより大きな結果を出すため、**「チームで働くこと」や「属する組織・社会のメンバーに頼ること」の意義**について考えていきます。

「チーム」の一員となることで、自分のタスクが楽になり、他者との関係が深まり、お互いの学び合いが生まれ、より広い範囲の仕事ができるからです。

まず、皆さんが、自分が医療を受ける患者の立場になった時のことを想像してみてください。不安や痛みを感じる状況であればなおさら、医療従事者に安心して身を任せ、できるだけよい処置を受けて健康な状態に戻りたい。そう願うのが当然だと思います。

一方で、ベテランの医療従事者であっても、医療は一人でできることではありません。たくさんの職種の分業体制で成り立っています。よい医療を提供するためには、プロ同士の結びつきと協力が不可欠です。

あなたが患者の立場なら、一人でやらなければいけないと抱え込み、他の人に支援を求めない医療従事者と、様々な人の手を借りて、うまくそれぞれの役割分担をしてチームワークで対応してくれる医療従事者と、どちらのほうに安心して処置を任せられますか？

２０００年頃からアメリカや日本を含む各国で注目されている、医療事故を防ぐ医療安全という分野では、「チーム医療」という観点が重視されてきました。

私は、聖路加《せいるか》国際病院の先輩医師である種田憲一郎《たねだけんいちろう》先生（現在国立保健医療科学院　国際協力研究部　上席主任研究官）が２０００年代から日本に導入した「チームＳＴＥＰＰＳ」という研修プログラムに魅力を感じ、研修のファシリテーターをしながら、チーム医療や医療安全について学んできました。この研修では、どんな有能な医療スタッフがいても、神の手を持つと言われる天才外科医がいても、医療チームが機能していなければ患者の安全や命は守れない、ということについて、世界各地の医療事故の症例から教訓を学びます。[1]

それでは、チームとは何なのでしょうか。

まずチームには、そもそも存在する理由、つまり目的があります。**チームは共通の目的を持つ人の集まり**であり、メンバーが合意した共通の目的を達成するために、密接に協働する集まりなのです。スポーツの世界ならチームのゴールは想像しやすいかもしれません。「勝利・優勝・メダルの獲得」といったことがチームの目的となり、加えて、選手の成長やファンの喜び、地域の連帯感など、様々なものが生まれます。企業におけるプロジェクト・チームなどでは、新商品開発や売り上げ増など、与えられた「ミッションの遂行」や「目標の達成」がチームの目的になります。

では、目的を達成するためにチームを作ることのメリットは何でしょうか。それは、チームに属するメンバー同士が相互に関わり合い、連携をとることによって、集団でいることの相乗効果が生まれることです。この相乗効果によって、チームは所属する一人ひとりのパフォーマンスの総和以上の結果を出すことが可能になります。

つまり、「より高い成果を出すために集団でいることを選んでいる」のがチームです。せっかくチームがあるのに、仲間や同僚に上手に頼ることをせずに相互の関わり合いが少なくなれば、相乗効果を出せず、成果を上げることができないのです。

ただここで一点、「チームが肥大化すると効率が下がる」ということにも注意が必要です。フランスの心理学者リンゲルマン氏が、人が集団で共同作業を行う時に、メンバーの人数が多くなればなるほど無意識のうちに手抜きをする現象が起きたことを発見しているのです。これを証明したのは綱引きの実験です。1人、2人、3人と綱引きに参加する人数を増やしながら、個々が発揮している力を調べたところ、1人の時の力の発揮度を100%とすると、2人の時は1人の力が93%、3人の時は85%と徐々に落ちてゆき、8人の時には1人の力を発揮できる割合が49%と半分以下に落ちてしまったのです。これを「リンゲルマン効果」と呼びます。

会議の参加人数が増えれば増えるほど、ファシリテーターが投げかけた問いに対して、誰も発言をしようとしなくなることを私たちは体験的に知っています。日ごろは主体的に仕事に取り組む人であっても、無意識のうちに「きっと他の誰かが発言してくれるだろう」と集団に対して依存した考えに陥ってしまう。このリンゲルマン効果は、誰にでも、どんな集団にでも起こりうる現象です。

つまり、チーム作りにおける重要な点は、個々のメンバーに「あなたが主役で、大事な構成員である」「あなたが活躍してくれることで初めて、チームのゴールが達成される」と伝え、その責任まで共有して助け合いをしやすくすることなのです。

「上司に頼る」ことができますか？

皆さんは、迷った時、信頼して相談できる「メンター（良き助言者）」のような存在はいますか？

「メンター」とは、とても便利な言葉です。その相手を「メンター」と思ってしまえば、自分が相談して当たり前という前提、立ち位置ができますので、受援力を発揮するハードルがぐっと下がるからです。昔の上司であったり、取引先の社長であったり、プライベートで知り合ったビジネスパーソンであったり。もしかしたら、趣味の園芸などに生きている、近所の方かもしれません。

それでは、自分の所属するチームの長である、皆さんの上司はメンターになっているでしょうか。思い通りにプロジェクトが進まない時、すぐに相談できますか？　または、上司にすら、弱みを見せまいとしてしまいますか？

「上司に頼ったことがない」という方もいるかもしれません。

上の地位になればなるほど、孤独になるもの。また、決断をしなければならない場面が多く、大きなストレスを抱えながら過ごしているもの……そう考えると、上司は忙しそうだし、大変そうだから、なかなか小さなことでは相談に行けなくなるかもしれません。そんな時は、次のように自分から心理的ハードルを下げる工夫をしてみましょう。

それは上司との接触を意図的に増やすということです。

繰り返し接するだけで好感度が高まるという「単純接触の原理（ザイオンス効果）」について聞いたことがあるかもしれません。また、「近所に住んでいるほうが、親しくなりやすい」という研究結果（ニューカム効果）もあります。社内でも出会う回数を増やす、挨拶《あいさつ》を増やす、こまめに顔を出す、目の前を通り過ぎるだけでもいいかもしれません。「助けた人を好きになる効果（ベンジャミン・フランクリン効果）」も使ってみましょう。

これは、人は誰かを助けるという行動を起こした時に、「親切にするのは、相手のことが好きだから」と結論を出すようになるという考え方です。

人は、自分が抱いている「感情」と「行動」に食い違いがあると我慢ができない、という心理傾向があります。「あまり好きではない（マイナスの感情）」相手に「親切にする（プラスの行動）」という食い違った状況が起こると、どちらかを修正しようとします。でも、やってしまった行動を修正することはできませんので、感情のほうを変えようとするのです。

つまり、「相手を助けたのは、相手に好意を持っているから」という風に考えを変えるというロジックです。

18世紀のアメリカの政治家ベンジャミン・フランクリンが、本を貸してもらうなど、自分から頼って、相手にプラスの行動を取らせることで、政敵を懐柔したという逸話に由来するようです。あなたも、ペンを貸してもらう、おすすめの本を貸してもらうなど、上司や同僚に小さなことで力になってもらうことで、フランクリン効果を実感してみませんか？

上司にメンター的な役割を求められず、「自分にはそういう存在がいない」という人もいるでしょう。そんなときは、社内外で一目置いている人、セミナーや講演を開いている人などに自らアプローチし、関係を深めてみてはいかがでしょうか。高い地位を得た人には「向上心を持つ人の力になってあげたい」という思いを抱いている人が多く、受け入れられる可能性があります。

また、上司がメンターにならないなら、家族や友人と過ごす時間を大切にするという考え方をしてもいいかもしれません。休みがとれなくても家族の誕生日や記念日などの節目にはちゃんとお祝いをし、日ごろの感謝の気持ちを伝え、自分の応援団を大切にする。社内ではなく家庭内で、または友人の中に相談相手を見つけよう、と発想の転換をするのです。

受援力の高い人から学ぶ

メンターではなく、「受援力のお手本」を見つけておくという考え方もあります。

あなたの周りには、頼り上手だなと思う人はいませんか？　その人のことを思い出して、「いいな」とあこがれの気持ちを抱いたとしたら、あなたにもだんだん頼ることに対するポジティブな捉え方ができるようになってきている証拠です。

逆に、「あいつは頼ってばかりでけしからん」「あいつは怠けている、実力もないのに！」と、つい腹立たしく感じる人もいるかもしれません。でも、その〝助けられ上手さん〟が、赤ちゃんだったら、どうでしょう。誰でも納得する「受援力の塊」である赤ちゃん、あるいはよちよち歩きの子どもをイメージしてください。本人も、周りの大人も、周囲が手助けをして当たり前、と思っていますし、育てる側、助ける側も、その子のおかげで力を引き出してもらえています。赤ちゃんは決して「申し訳ない」とは思っていませんし、育てる側も、謝ってほしいとは思っていません。頼られ、助ける、それだけで嬉《うれ》しいのです。

助けを受ける人がいるおかげで、助ける側が喜びを抱くことができる。ともすればその喜びは優越感と紙一重かもしれませんが、助ける側の自己肯定感は向上します。

助けられ上手な大人を見て、腹が立ってしまったあなた。もしかしたら、自分も助けられ上手になりたい、自分もあのように気軽に助けを求められたら――と思っているのではありませんか？　そんな隠れた気持ちに気づくことこそ、転換点となるかもしれません。助けられることで人とつながり、相手に幸せを与え、自分も楽になるのです。

せっかく助けられ上手のお手本に出会ったのです。あなたはその人から一つでも多くの受援力スキルを盗んで、自分の魅力にして活かすことのできる、このうえもなくラッキーな立ち位置にいるのだと思ってください。

その人の、どんなところが、助けられ上手のポイントだと思いますか？

受援力の3つの基本、「敬意」「存在承認」「感謝」の、どのツボを押しているのでしょうか。どんな言葉遣いをして、どんなしぐさをしていますか？　何が、その人を助けられ上手にしているのかを分析し、学び、取り入れることで、あなたの受援力はぐっと高まります。

「ソーシャル・キャピタル」の活かし方

受援力は、相手に「人の役に立つことができた」と感じさせ、自己肯定感を高め、「いい気分」にさせる能力でもあります。社会参加をし、人と助け合うことが健康にとって良いことは、社会疫学（Social Epidemiology）の研究において実証されており、健康の要因として、食、運動に加えて社会参加や人付き合いがプラスの効果を与えることからも明らかになっています。

この社会疫学とは、「健康状態の社会内分布と社会決定要因を研究する疫学の一分野」[2]であり、具体的には、文化、社会システムなどの社会構造要因が集団、あるいは個人の疾病罹《り》患《かん》や健康状態に与える影響を明らかにする学問です。

人間関係が健康に影響を与えるということを考える時、そのキーワードの一つとなるのが、近年注目されている「ソーシャル・キャピタル（人間関係資本）」です。

これは1993年にアメリカのロバート・パットナムが著書の中で記述した考え方であり[3]、**信頼、規範、ネットワークといった人間組織が健康に好ましい影響を及ぼす**として最近注目されています。また、「ソーシャル・キャピタルが豊かな地域は抑うつ尺度が低い」[4]、「喫煙・多量飲酒などのリスク行動が減る」[5]、「身体活動を促進する」[6]など、健康に寄与する指標が高いという報告もあります。

ビジネス界における人材を表すものとして、ヒューマン・リソース（人的資源）やヒューマン・キャピタル（人的資本）という言葉がありますが、ソーシャル・キャピタルとは、「あるネットワークや社会構造の一員であるということでつながることができる資本」のことであり、個人ではなく、グループや地域レベルでのまとまった活動や状態を指すものです。

利害関係のあるビジネス上のネットワークではなく、より広い意味で、「その人の社会性に関係する、家族、近隣、知人、すべてを含む幅広い人間関係が、あなたの財産になる」と考えるとわかりやすいでしょうか。[7]

私が初めてこの概念を知ったのは、2008年にハーバード公衆衛生大学院に留学し、社会疫学を教えていた研究科長のイチロー・カワチ先生の授業を受けた時でした。留学生活は貧困と過労の連続で、人の助けなしには生き延びることができませんでしたので、体験的に、「なるほど、人間は社会的動物で、コミュニティや人間関係に心身両面の影響を受けるのだな」と、社会疫学という学問の重要性を身をもって痛感したのです。日本でも、少子化対策の研究で、ソーシャル・キャピタル指数の高い地域は失業率が低く出生率が高いこと（平成15〈2003〉年内閣府国民生活局）など、様々な調査からソーシャル・キャピタルの重要性が明らかになっています。

頼ることで人間関係が生まれ、頼られることで自己価値感が向上する。助けを求めることで新しい支援リソース探しのエネルギーがわき、困った状況の中で人とつながることができる——これはよくよく調べれば、人間が社会的動物として古くから培ってきた能力です。

ところが現代社会に生きる私たちは、他の機械やツールで代用できるので、人間関係による助け合いの価値を低く評価するようになり、そのために「人に頼る」という原始的なスキルが低下したようです。私自身、医師として、母親として、学生として、研究者として、また一支援者として、様々な立場を通して「人に頼ること」「人に助けられること」について研究を重ねた中で、現代社会では「頼り合うことのメリット、総力戦で当たることの重要性」が忘れられている、という思わぬ落とし穴があることに気づきました。

ソーシャル・キャピタルを「開拓」する

ソーシャル・キャピタルは、ソーシャル・ネットワークとは異なります。ネットワークとは新しい人と出会うプロセスのことであり、1人が持つ接触の機会を増加させるものです。ネットワーク上で出会う人々がやがて資本となるまで、ネットワークはソーシャル・キャピタルとは言えません。

ソーシャル・キャピタルは経済的な見返りをもたらすとも言われています。例えば、社員一人ひとりの持っているソーシャル・キャピタルを共有したり、チームメンバーや上司や部下の相互理解によって離職率が低下したりします。また、それらによって採用に関わる費用や研修費が節約でき、相互理解が自然に作り上げられるという効果などがもたらされると言われているのです。こうしたソーシャル・キャピタルの恩恵は、もちろん会社の業績とも相関します。

ソーシャル・キャピタルのポイントは、その言葉の通り「キャピタル（資本）」であるということです。リソース（資源）は使い続ければ枯渇しますが、キャピタル（資本）、つまり、助け合える社会的なつながりは、開拓し、投資し、増やすことができるのです。

それではどうやって人間関係を開拓し、投資すればよいのでしょう。人といい関係を続けていくには、まず「心理的安全性」が必要です。この心理的「安全」「安心」レベルを上げていくために私が重視しているのは、自分が接する相手に対して、①受容、②傾聴、③誠実、④共感の4点を持って向き合うことです。

【受容】

・チームメンバーの話を受け入れ、相槌《あいづち》や、うなずきを交えながら聞く
・メンバーから薦められた本や情報を読み、出されたアイデアを積極的に取り入れ、「あの本、○○だったよ！」と報告する
・食事会や雑談会など、メンバー同士の交流を促進する機会を企画する

【傾聴】

・メンバーの話を遮らずに最後まで聞く
・メンバーと話す時の表情や声のトーンで相手に安心感を与える

・メンバーからもたらされる自分にとって耳の痛い話に対しても聞く姿勢を持つ

【誠実】

・メンバーとの会話の内容は他人に口外しない
・自分が知らないこと、わからないことは正直にメンバーに伝える

【共感】

・メンバーの感情に共感する（「わかりますよ」ではなく具体的に「○○と思ったんだね」「辛《つら》かったね」「悔しかったよね」）
・「私だって同じように地団駄踏んで怒っていたかもしれないな」「自分だって、うまくできたかどうか分からないよ」

この４つのほかにも、日常的なおしゃべり、本題とは関係ない雑談も大切にしています。「相手がこれまでやってきた仕事の歴史」「印象に残っている仕事上の成功や失敗」「好きな言葉や仕事のスタイルなどの自分の性格」「好きな食べ物や趣味、家族構成」など、相手に関心を持ち、メンバーをより身近に感じられるように様々な質問をします。あらかじめお互いがどんな人間なのかを知ることで、安心してもらうことができるからです。また、メンバー同士が気軽に話しかけ合えるきっかけをつくりたいという気持ちもあります。

仕事上のつながりでここまでしなくても、と思われる人もいると思いますが、この4つを重視しているのは、私が医療従事者で、相手との信頼関係にとても重きを置いているためかもしれません。また、東日本大震災の被災地支援で、外から支援に駆けつけたよそ者の私が、被災された皆さんとフラットな関係を築き、なんでもオープンに話してほしい、頼ってほしい、よそ者の私たちと一緒に、健康で便利な街として復興するためにお手伝いさせてほしい、とソーシャル・キャピタルを築こうと必死になった経験から学んだことでもあります。

新型コロナウイルスが社会にダメージを与えていた時、私自身も医師として患者さんの入院先を探したり、ワクチン接種をしたりするなどコロナ対策の対策本部室で仕事に従事していた時がありました。その時に私が心掛けていたのは、周囲の他職種の方との連携の中で、心理的安全性を作ることです。

出張に行ったら対策本部室の皆さんにお土産を買ってくる、当直スタッフのため、朝の引継ぎの時にお菓子を差し入れする、お互いの趣味の話をするなど、ちょっとしたことです。しかし、緊急時に編成された対策チームではあっても、お互いの人となりや好きなこと、趣味を知ることで、格段にコミュニケーションを取りやすくなるのです。

入院調整の現場では、ひっきりなしに電話が鳴り響き、重症の患者さんが入院したくてもできないという悲痛な連絡があちらからもこちらからもかかってきて、終わりの見えない、しかも命をかけた戦場のようになります。

「吉田先生、○○病院からコールバック！」「受け入れOKしてもらえました！（30軒目にしてようやく……という安どの気持ちを皆と共有）」「消防隊に連絡します」「私はシステム入力します」「私は患者さんに連絡します」――この一連の会話の裏に、お互いの交流や居心地の良さがあるかないかで、やりとりのスピード感はまったく違ってきます。連帯感の有無によって皆が感じるやりがいまで変わってくるのです。

医師として問診をするワクチン接種の現場でも、心理的安全性の重要性を感じることがありました。淡々と、必要事項だけを聞いてチェックをし、ベルトコンベアー式で患者さんに対応している医師が多い中、和やかな声が聞こえてくるブースがあったのです。私はそこにいたT先生と、接種される方の許可をもらって、見習い医師のように先生のお手伝いをさせてもらいました。

T先生は、「あなた、珍しい苗字《みょうじ》だね、どこのお生まれ？」「日に焼けてるね、何かスポーツやってるの？」など、本当に一言か二言なのですが、相手に関心を持ち、立ち話をするかのように気軽な会話をするのがとてもお上手だったのです。

「少しでもリラックスするほうが、ワクチンの怖さが和らぐでしょ」「緊張すると迷走神経反射で気分が悪くなっちゃうからね、出来るだけ緊張を取りたいと思って」とT先生。私は感銘を受け、ワクチン会場であっても、あるいは日常診療のなかでも、心理的安全性をできるだけ担保しようと思いを新たにしました。

人は、一人で進めるよりも、自分とは違う能力やネットワークを持つ他人と協力することによって、単独で取り組んだ時よりも大きな目標を達成することができます。

仕事上で、プロジェクトの結果に直結する個人の「能力」が重視されるのはもちろんですが、チーム全体の成果・目的から考えれば、チームの仲間に迎え入れられている人は、とくにずば抜けた能力を持っているからではありません。

アメリカのビンガムトン大学の研究チームによると、**仕事仲間を選ぶ際には能力よりも「親しみやすさと信頼性」が重視され**[8]、「人的資本」と「社会的資本」を持ち、チームへの参加意欲が強い人が求められます。チームにとっては、個人のスキルだけが必要とされているのではなく、ほかの人と生み出す相乗効果が必要とされているのです。

事例――ソーシャル・キャピタルと受援力

2008年、私がハーバード留学中に出会った同級生や教職員たちは、お互いに支え合い、自分の知識や経験を提供し、一緒にゴールインすることを目指すような人たちでした。

まさに**大学内のコミュニケーションを通して、ソーシャル・キャピタルの構築を実践していた**のです。そして、そのソーシャル・キャピタルこそが、受援力を発揮するための土壌になっていました。

例えば、ハーバードで目覚めた受援力の実践例としては、次のようなものがあります。借金までして留学したのに、最後の最後で卒業できないかもしれないという状況に陥った時のことです。

卒業式が行われる前週の木曜日の夜に、学務課から「単位取得のための手続きにミスがあり、あなたは卒業できません」というメールが送られてきました。さらに「金曜日の夕方5時までに手を打たないと留年です」と書いてあったのです。これだけでもピンチですが、私がこのメールを読んだのは、なんとメールが発信された2日後で、学務課が閉まっている土曜日の朝。自分が卒業できることに何の疑念も抱かず、卒業旅行でカナダを旅している間にメールチェックをした時でした……。

高額の学費も保育料も家賃も、これ以上払い続けることはできません。英語もおぼつかない日本人留学生の私が陥った大ピンチです。

この時にすがったのは、ハーバードのネゴシエーション講義で学んだ原則です。感謝の気持ちを伝えること、人間的な関係を築くこと、建設的な代案を示すこと、そして相手が明らかに間違っている時でも責めず味方にし、解決する賢い言葉を使うという鉄則です。

ここで何としてでも卒業するため、単位登録の手続きミスを挽回《ばんかい》するために、土曜日から日曜日にかけ、力になってくれそうな人に協力依頼メールを送るなど必死で行動しました。

それと同時に、事務担当者には以下のような内容をメールすることを忘れませんでした。以下は、受援力を発揮して、必死で作成した奇跡の英文メールです。

①自分の責任を認める

Although I know my final responsibility about my registration for the courses,（最終的な責任は自分にありますが）

②前向きな展望や希望を述べる＝自分の社会的価値をアピール

I have been bringing enormous passion and now am eager to step forward to apply what I learned here in HSPH to the real world. I don't want to lose my next position as a research fellow for a prestigious US-Japan policy making foundation.（熱心に勉強してきた内容を社会に還元したい、そして政策提言に活かしたい、現実社会に貢献したい）

③相手をねぎらい、これまでの良好な人間関係を再確認し、感謝の気持ちを述べる

I will do my best to discuss about this matter with the people at Registrar's office. Those staff have been really nice to me and I believe they must feel to help me. I know what to look for in people. Thank you so much for your prompt response and consideration.（この問題を解決するためにベストを尽くします。学務課の方々は今まで私に非常によくしてくれましたし、助けになってくださろうとしているはずです。私にはよくわかります。急いでお返事をくださってありがとう。考えてくださり感謝しています）

事務担当者からは最初のうちは、ダメだと一点張りの事務的な返事がくるだけでした。以前の私なら、卒業式の直前に無茶な難題を突き付けられたらカッときて、学務課の担当者の非を責め、お互いに対立構造になっていたことでしょう。でも、ハーバードのネゴシエーションやコンフリクト・マネジメントのクラスでは常に「お互いの共通利益となるゴールを見つけ、それに向かって一緒に進む姿勢を」と教わってきたのです。勝ち負けではなく、人と利益を分かち合うやりとりをしよう、といつも言われてきました。

そこで決して相手を責めず、徹底して「相手は私の役に立ちたいと思っている」という姿勢で接しました。そして、相手への感謝の気持ちを何度も述べるうち、事務担当者の対応も変わってきました。

私→事務担当者

I believe in the Registrar's office people who should be willing to support students all the way. Thank you so much for your thoughts and talk to you later.（学務課の皆さんは私を助けたいと思ってくれていると信じています。いろいろ考えてくださってありがとうございます）

事務担当者→私

We are all really very sorry that this happened.（こんなことが起こって申し訳ありません）

相手からはだんだん、私と一緒になって心配し、すまない気持ちになっていることが伝わってきました。私からも、負けずにお礼の返事をしました。

私→事務担当者

I am really impressed to see you supportive of students, who need help.（助けを必要としている時に、学生のサポートをしてくださることに感動しています）

I appreciate your generosity and thoughtfulness.（あなたの寛大さとご親切に深く感謝しています）

このようなやりとりをしているうち、ついに他の教師の協力があり、なんとか単位取得と卒業を認めてもらうことができました。その時も、すでに「同志」となっていた学務課の人と、一緒に喜び合うことができたのです。

私→事務担当者

I appreciate your kind consideration. I know you are very dedicated to your work and I am so sorry to bother your weekend. Can I visit Registrar's office on Monday 8:30 am and talk with you?（優しいお心遣いに心から感謝しています。あなたが仕事に対し誠実だということはよくわかっていましたし、週末のお邪魔をしてしまうことを心苦しく思っていました。明日月曜日の朝、お礼に伺ってもいいですか?）

このメールのやりとりをしたのは日曜日でしたが、担当者からは、非常に人間味あふれたお返事があり、ここで改めて、卒業は約束されたと感じました。

事務担当者→私

Thank you for your kind email. I want you to know that it broke my heart to discover this situation late Thursday evening. I have certainly appreciated our interactions over the last couple of years and would hate to see the completion of your degree delayed at this point.（心優しいメールをありがとう。木曜日の夕方に今回の件がわかった時は胸が張り裂けるような気持ちでした。もちろん今までの数年の間に培った私たちの人間関係にはずっと感謝してきましたし、この時点で卒業が遅れるなんて耐えられない思いでした）

I appreciate your efforts to remedy this situation this weekend. At this point I have relayed all pertinent information to the Registrar and must wait for her decision. I don't think there is anything additional that you need to do.（今週末、迅速にこの問題に対処してくれたことに感謝しています。上司の最終決定に委《ゆだ》ねることにはなりますが、これ以上あなたが何かしなくてはいけないことはありません）

Until then please try not to worry and I'm sorry to have brought you this stress at this time.
（それまでは、どうか、心配しないようにしてください。こんな時にこんなストレスをかけてしまったことをお詫《わ》びします）

このように修羅場の中でも、メールで「相手の助けたい力を引き出す」言葉が入るだけで、こんなに対応が違ってくる、ということを実感したのです。

第6章　心理的安全性の高い職場と社会をつくろう

「頼るスキル」を磨くポイント

ケース・スタディ

「受け身タイプの部下」ができる理由？　Iさん（40代、企画職）

仕事量が慢性的に多く、心理的にも過重労働が続いているIさん。でも「もう無理だから、助けてほしい」とはなかなか言い出せません。会社での役割を強く意識しているIさんは、降ってきた仕事は当然、現場がこなすべきという意識が強くあります。また、**「マネジメント層は、現場の業務量にきちんと目を配っているのだろう」「仕事が大変そうな人がいたら、マネジメントをする立場の人が声をかけるべきだ」**と考えているので、ヘルプを求めることもありません。上司も、Iさんが何も言わないので、「仕事は順調に進んでいる」と思い、声がけをすることもないようです。

誰からもSOSの意思表示がない職場で、表面的には淡々とプロジェクトが進んでいくように見えますが、現場は知らない間に疲弊していきます……。

ケース・スタディ

「リーダー」は部下には頼れない？　Ｊさん（50代、営業部・部長職）

組織の長という責任のある立場にいるＪさん。部内の様々な案件の資料に目を通して決裁し、多忙な毎日を送りながら、部下からの相談ごとや発生したトラブルにも丁寧に対応。直属の部下からだけでなく、部内のスタッフからも「頼りがいのある部長」として厚い信頼を得ています。本人もリーダーとしての責任感が強く、

「リーダーたるもの、部の運営は自分一人で責任をもって行わなければならない」

と考えています。リーダーは〝孤独〟だとよく言われますが、Ｊさんは責任感の強さから、その傾向が強く出てしまっています。山積みの仕事に必死になって向き合っていますが、このままではどこかで限界が訪れそうです。一方、部下のなかには、Ｊさんのそのような姿を見て、「やはり自分の仕事は一人でやり抜かなければ」という思いを強くしている人も増えているようです。Ｊさんの業務の状況は改善しませんし、部内の雰囲気も緊迫感のあるものになっていきます……。

SOSを出しやすくなる「心理的安全性」とは何か

ここまでは、受援力を高くすることで、自分の生活あるいは仕事上の困難を乗り越えていく方法について解説してきました。ただ一方で、いくら頼るスキルを磨いても、頼る相手が非協力的であったり、周囲が頼ることをネガティブに捉《とら》える環境であったりすれば、受援力を大いに発揮することは叶《かな》いません。「頼り合う」ことで新しい価値を創っていくこともできません。

例えば会社の場合、職場の雰囲気・風土は、上に立つ人の考え方にも依存します。あなたが誰かの上司の立場にある場合、「部下のSOS」が出されやすいように何か工夫をしていますか？　どんなことに気をつけているでしょうか？　本章では、主に上司にあたる人が「受援力を発揮しやすい職場」をつくるためにできることを紹介します。

また、自分がリーダーであるがゆえに、自分が責任を持ってやり遂げなければ、と周囲に頼ることができず、すべてを自分で抱え込んでしまっている人もいるかもしれません。それは、責任感と使命感、そして、ご自身の仕事に大きな意義を見出《みいだ》しているからにほかならず、その責任感そのものはとても素晴らしいことなのですが、それで体を壊したり、プライベートな生活が犠牲になっては元も子もありません。本章後半では、「上司世代が、部下に頼る方法」も紹介します。

まず、職場の雰囲気に関わるキーワードとしていま最も注目されている「心理的安全性」に改めて触れておきましょう[1]。

これは、Google社が〝チームのパフォーマンス向上のためには、心理的安全性を高める必要がある〟とその重要性を発表[2]して以来、多くの企業や組織に関心が広がっている概念です。簡単に言うと、**心理的安全性が高いというのは、「一人ひとりが自分らしく働いている状態」「安心して何でも言い合えると感じる状態」「否定されない、拒絶されないと感じる状態」**です。

受援力を発揮するために自分の弱みをさらけ出すには、心理的安全性が確保されている必要があります。誰かに助けを求めようとする時、心理的安全性が担保されていない状態では対話が表面的なものになりますし、実りを生みません。相手への恐怖や怒りさえ生じることもあり、助けを求めることを避ける方向に向かいがちです。

私たちがＳＯＳを出すためには、「何を言っても非難されない、ダメ出しされない」「勇気を出してリスクを取っても（例えば、他の人とは違う意見を口にすること。自分の失敗を白状すること）、嘲笑《ちょうしょう》されたり悪口を言われたりしない」と思える心理的安全性が担保されていることが大事なのです。

心理的安全性と「頼る力」の関係

逆に、受援力を発揮するためには、自分が「心理的安全性」を感じられる人をたくさん見つけておくとよいと言うこともできます。

これは何も特別な人ではなく、近所で立ち話ができる人、でもいいのです。日ごろから様々な人と一度でも会話を交わし、人となりを知り、「知人」レベルの人を作ることが、私たちのソーシャル・キャピタル（人間関係資本／第5章参照）の基盤にもなります。

「悩みなどを誰かに相談することは恥ずかしくないと考えている人が多い地域では、自殺が少ない」という研究から示唆されている通り[3]、近所付き合いやそれほど親しくない関係性の中でも受援力を発揮できる土壌を作っておくことは意味のあることだと思います。こうしたことは、これから社会の荒波に漕《こ》ぎ出さんとする若者だけでなく、若者を送り出す立場の人、応援する立場の人、若い社会人の上司にあたる人も押さえておいていただきたいことです。

では、**あなたが誰かの上司である場合、あなた自身は「部下が心理的安全性を感じられる**

人」になっているでしょうか？

もしかしたら、読者の皆さんの中には、「自分一人で自分の人生を切り開いていきなさい」「何でも自分一人で解決できるようになりなさい」と教えられてきた人もいるでしょう。そして、同様のことを、自分が教えられてきた通りに部下に伝え、背中を押そうとしている人がいるかもしれません。しかし、そのように教えられた若い人たちが、本当に苦しい立場に置かれた時、迷わずＳＯＳを出せるでしょうか。

部下を応援する立場の人こそ、受援力を肯定し、それを鍛えさせる姿勢が必要です。若い人たちや部下に対して、「頑張っているあなたは、助けられていいし、守られていい」「一人で孤独に立ち向かわなくてもいい」「必ず誰かが手を貸してくれる」「何ならいつでも連絡しておいで」と言ってあげられるのは、受援力の大切さと難しさを知っている皆さんにほかなりません。

心理的安全性と「管理職の責務」

私は最近、『ケアリング・リーダーシップ』（ヘザー・Ｒ・ヤンガー著、アルク）を読み、心理的安全性を積極的に作り出そうとしている多くの企業経営者のインタビューに感銘を受けました。

心理的安全性を担保する最良のアプローチは、従業員が助けを求めることを恥じたり恐れたりしないような、組織としての文化を持つことです。経営者は自ら心を開き、従業員との信頼関係を構築し、本心を語る習慣と風土を作る必要があります。また、厳しい言葉にも耳を傾ける覚悟を持たなくてはなりません。

そうした組織文化をサポートする仕組みをつくりはじめるのに、遅すぎるということはありません。管理職の方は、部下と人間的な話し合いができるように、仕組みや環境の構築に努めてください。リモートワークが多くて立ち話の機会がないようであれば、アンケートを取ってみたり、定期的な電話ミーティングをするなど、様々な方策を試してみてはどうでしょう。

また私は、『恐れのない組織――「心理的安全性」が学習・イノベーション・成長をもたらす』（エイミー・C・エドモンドソン著、英治出版）を読み、「この心理的安全性を作り出すことこそ、これからのイノベーションには必要であり、変化についていくだけでなく、自らが変化を起こすためには、一朝一夕にはいかない、環境面でのソフトスキル（業務遂行のベースになる基礎力）が必要なのだ」と目を開かされる思いだったことを付記しておきます。

上司として「頼ってもらえる力」が武器になる

上司として、頼られたい、と思うのは当たり前です。リーダーシップを発揮して誰もが頼りにする上司はカッコいいですし、部下を育成し、導き、サポートするのは良い上司の理想の在り方だ、というイメージもあります。

ただ、意外と知られていないのは、部下に頼ってもらうためには、「こんな頼り方がいいよ」と自分からお手本を見せることがその近道になるということです。

「あなたはいつも丁寧な仕事をしてくれるから」「私よりも上手に作ってくれると思うから」「このパワポ能力、尊敬しちゃうよ」（K）、「このタイミングで出社してくれてラッキーだったよ」「手を止めて聴いてくれてありがとう」（S）、「本当に助かった！」「相談できてすっきりした。早速、人事部と相談してみるよ」「また何かお礼させてよ。困ったらいつでも教えて」（K）……上司の方が気持ちよく頼る技を見せることで、部下も、自分から頼っていいんだなと安心しますし、頼ることを肯定してもらえるので気が楽になります。

もしかしたらこれまでは、威厳を持って、話しかけにくい雰囲気を出すほうが一目置かれる、尊重されると思わされてきた文化があったかもしれません。しかし現代は、多様な人々がチームとして働き、コミュニケーションをとることが重視される時代です。そして、コミュニケーションを促進するのは前述した心理的安全性であり、その心理的安全性を高めることで、困りごとやトラブルを迅速に共有してもらえるようになるのです。

仕事のこと以外で、同僚や部下に話しかけたことはありますか？「皆さんはどうやって通勤しているの？」「話題の健康術（または流行《はや》りのツール）、何か知ってる？」「最近食べた安くて美味《おい》しいお店って、どんなとこ？」——小さなことでいいのです。皆さんがその人に関心を向けるだけで、相手はうれしく感じてくれます。

そうした小さなことから受援力を発揮することは、上司の寛容さと謙虚さを伝えることになります。また、それが「頼るお手本」を示すことになり、相手が早めに、困りごとが小さいうちに頼ることができるようにもなります。

言い換えると、あなたが弱みを見せることで、周囲の強みを引き出すことができるのです。上司が部下から教えてもらっているのですから、部下も、同僚から学ぶことに対して抵抗がなくなります。「頼る」とはお互いの成長を促すことだ、という姿勢を上司がはっきり打ち出すことで、お互いに相談する機会が増え、チーム力の強化につながるのです。

「抱え込みがちな部下」への声掛け

一人で抱え込んでいる人、頼ればいいのに頼ってこない人、見るからに消耗している人を見ると、つい心配になって、「他の人に代わってもらおうか？」「手伝おうか？」と手を差し伸べたくなるものです。ただこの時、気遣われた立場の人が、「自分が無力だから、仕事の出来が悪いから、サポートを受けなければいけないのか……」と、支援されることによって自己肯定感が下がってしまうことがあります。

部下が抱え込んで頑張るのはその仕事を大事に思っているからであり、「この仕事は自分の仕事だから最後までやり遂げる」という姿勢は責任感の強さの表れです。上司としては、一人で抱え込むことも、遠慮することも、周りを慮《おもんぱか》ることも、それそのものはその人の素晴らしい素質であり美点だということを認めつつ、伝え方を工夫する必要があります。例えば、「頼ってほしいのは、あなたができないからではない」「今後のため、皆と仕事の進め方を共有したいから」「仕事ノウハウを教えてもらいたいから」と伝えるのはいかがでしょうか。

一人で抱え込まないほうが良いよ、遠慮しないで、と言うだけだと、どうしても、頑張っている相手の姿勢を否定することになります。そうではなく、「周りに聞きたくても、みなさん忙しそうなので、つい遠慮してしまいますよね」「早めに確認しておくと安心なので、教えてください」「聞いてもらうことが、手順の確認にもなり、抜け・漏れを防ぎ、みんなのためにもなります」という具合に、「頼る」ということを「共有する」「確認する」ということに置き換えて、提案するのです。

そもそも「困った経験」をしたことがある人は、他の人の困りごとのポイントが理解できる、職場の貴重な存在です。頼ることが上手な人は、裏を返せば助けることが上手な人。上司がそのような考えをもち、メンバーに示すことができれば、「誰かに教えてもらうこと」を奨励する雰囲気も生まれます。

新人に対しては、「〇〇さんがこれまでにつまずいたこと、困ったことを教えてもらえると、私たちの役に立つんです」「皆で助け合えるようにしたいので、〇〇さんの困ったエピソードを教えてください」「私もダウンしている時があると思いますし、お互いに弱音を吐ける職場のほうがいいと思うんですよ」と話してみる。異動してきた人、中途採用の人には、「誰でも最初は初心者だけど、繰り返すうちに経験者になれますよ」「うまいやり方を覚えるには、今がチャンスかも」「いまさら聞けない、という状況になる前に、わからないことや疑問があったら相談して」「ちなみに今、何に困っている？　フレッシュな感覚を持っている君だからこそ、聞いておきたい。後輩のためになるから」と、積極的に質問してみてはどうでしょうか。

「アクセスしやすい上司」になる

私は、「いつでもアクセスしやすい存在」になろうと心がけています。

自分自身のこれまでのキャリアや学生生活を振り返っても、私は「上司」または「教師」に対して、そんなに気軽に相談したり話しかけたりできるほうではありませんでした。今でも、上司にあたる人にメールするだけで、やはりいくらか緊張するくらいです。しかし私には、とてもラッキーなことに、心理的〝ハードル〟が低いな、と感じさせてもらえる「上司」のお手本が身近にいます。

その先生――鄭雄一《ていゆういち》先生（神奈川県立保健福祉大学大学院ヘルスイノベーション研究科長）は、いつでも、どんな小さなことでも電話をかけてくれます。コロナ禍で大学内のすべての講義や会議がオンラインになった時期にも、オンライン会議には必ず出席し、笑顔と包容力あふれる言葉遣いでスタッフを温かい気持ちにしてくれます。また、できるだけオンラインミーティングや対面で個別のやりとりになるようにして、メールでは伝えきれないニュアンスを伝えることで、コミュニケーションミスを防ぐ努力をされています。私の心理的安全性は、この鄭先生が研究科長としていてくださることで、大きく守られてきました。鄭先生は、個別対応でコミュニケーションのハードルを下げ、困ったことがあったらすぐに頼れるカルチャーを作っているのです。

部下の言葉に「耳を傾ける」

私はコーチングのトレーニングを続けていますが、重視していることの中に「傾聴」があります。傾聴とは、アメリカの心理学者カール・ロジャーズによって提唱された「相手の立場になって相手の気持ちに共感しながら聴く」（厚生労働省サイト「こころの耳」より）コミュニケーションの技法です。

相手は、話を傾聴してもらうことで自分でも認識していなかった気持ちや言葉が引き出され、迷っていることや自分の考えを整理することができます。「私はこうしたかったんだ」「こうすればできそうだ」など、新鮮な気づきを得ることができます。話すことでモチベーションが上がり、躊躇《ちゅうちょ》していることを実行に移せるようになります。

「話を聴いてもらう」ことで様々なメリットが出てくるのです。

では逆に、話を聴いてもらえなかったとしたら、そのデメリットにはどのようなものがあるでしょうか？　自分に興味・関心を持ってもらえないと感じた時、人は、「自分の行っていることは重要ではない」「自分はあまり大切な存在ではない」と感じます。そして、「ここにいてもいいのだろうか」「ここにいないほうがいいのではないだろうか」といった孤独感や疎外感を味わいます。そして、第１章に書きましたが、話を聞いてもらえない・無視される・対話に参加できないなどの時は、頭を強打されたのと同じくらいの神経衝撃が脳内に起こっていることが脳のＭＲＩの研究でわかっています。

あなたは十分に部下の話を聴くことができているでしょうか。

上司が部下を案じる時は

部下とコミュニケーションをとる時に使えるヒントをいくつか紹介しておきます。

①「福利厚生制度の説明」から切り出す

部下の体調やプライベートで心配ごとがないかを案じた時は、一般的な話として（その部下が心配だからだという理由ではなく）、福利厚生制度について話題にし、改めて説明してみてはいかがでしょう。体調やプライベートなことをオープンにしてもらう、最も自然なきっかけとなるからです。

福利厚生について話すことで、部下を思いやっていることを示せますし、その流れで体調など具体的なことを聞いていくことができます。健康上の不安がないかと質問するだけでもいいですし、気分の落ち込みや不眠がないか、お酒やたばこの習慣について尋ねてみてもいいでしょう。何が仕事のモチベーション向上につながるのか（給料の多寡、やりがい、承認欲求など）、ついでに聞いてみることもできます。

部下は皆それぞれ異なった課題やストレス要因を抱えているので、リーダーには、多様な人材が個々のニーズに合ったサービスを選択できるようにする責任があります。例えば、育児休暇・介護休暇・通院休暇などの制度、スキル研修・コーチング・マインドフルネスなどの講習、旅行・宿泊・レジャーの割引、フレキシブルなワークスケジュールの利用など。どんな場合にどんな範囲まで利用可能なオプションであるかを説明しながら、部下を大切にしていることを示すのです。

メンタルヘルスや運動、社会参加に関連した情報を提供することは、生産性、幸福感、ストレス管理を向上させることが示されています。部下に選択肢と柔軟性を与えることは、彼らを信頼していることを示し、それぞれが自分に合ったものを見つける機会を提供することになるのです。

自由な発想を生む「オープン・クエスチョン」を使おう

オープン・クエスチョンの特徴	クローズド・クエスチョンの特徴
自由な発想を自由に話せる	はい、いいえなど答えが限られている
相手の主体性を尊重できる	答えやすいが、押し付けられ感がある
時間をかけて相手の言葉を待つ必要がある	相手の言葉をすぐに確認できる

②部下の話に耳を傾け、記録する

部下の話を傾聴することは大切ですが、どのような方法で傾聴するのが良いかは、相手によってまちまちです。そのため、様々な形のコミュニケーション・チャンネル（メール、電話、対面、SlackやLINEなどのチャットツール、ウェブ会議システムなど）をつくっておくようにしてください。そして、相手がどのツールを使うとコミュニケーションをとりやすいかを確認しておくことが重要です。

また、部下からの言葉とは別に、状況を時系列で把握できるように、「先月と比べて仕事のやりやすさはどうか」「前回の面談時と比較して体調はどうか」といったオープン・クエスチョン（「はい・いいえ」では答えられず、自由な発想を促す質問）を用意するようにしましょう。「はい」か「いいえ」で答えさせるクローズド・クエスチョンと比べて、この「オープン・クエスチョン」は、部下の自由な発言を促し、意見を言いやすくし、自分の考えを受け止めてもらえたと感じるので、効果的です。

③自分の弱みを先にさらけ出す

自分の悩みや不安を、相手より先にシェアしてください。これはとても勇気のいることですが、心理的安全性が高まり、相手からも話しやすくなります。また、上司のほうから「即効性のある解決策を提示したり、一回だけの面談で終わらせたりするわけではない。長期的に取り組む覚悟がある」ということを、部下にも伝えるといいでしょう。

④受援力を奨励する

部下は、上司のことを「自分を評価する人」だと捉え、自分を「評価される対象」だと感じているものです。そうすると、仕事で遅れをとったり、弱いと思われたりすることを恐れて、目立たないように過ごすばかりか、助けを求めることもできなくなってしまいます。部下との信頼関係を強め、助けを求めてもらえるようにするには、普段から「受援力を奨励する」態度を示すのがよいでしょう。そのためには、同僚ではなく、組織外の人物（または別の時代を生きた偉人）を挙げて、「助けを求めた人を称《たた》える」ことも重要です。[4]
そして、自分からも「困った時は頼ってもらえると嬉《うれ》しい」とI message で伝えておけば、いざという時、トラブルの芽が小さなうちに相談してもらうことができ、早めに対処することができます。受援力を奨励することは、リスクマネジメントの意味でも重要なのです。

リモートワークで「部下のSOS」を拾えますか？

いまやリモートワーク全盛ですが、多様な働き方は受援力にどのような影響を与えているでしょうか。部下がいる人はどんなことに気をつけなければならないでしょうか。

まず、「部下からのSOSが認識されにくい」ことに注意が必要です。

「対面時代」の私たちのコミュニケーションは、表情、視線、身振り手振りなど、全身から生まれる言語以外の情報（ノンバーバル・コミュニケーション）に頼っていました。しかし、「リモートワーク時代」の私たちには、それらの情報が驚くほど少なくなるのです。

そのギャップを解決するためには、電話やオンラインミーティングをすることで、相手のノンバーバル・コミュニケーションまで拾い上げるのも一つの手でしょう。ただその場合でも、心理的安全性が担保できるかが課題になります。

「ちょっと立ち話をしたついでに聞いてみる」「メールするほどでもないけれど、気になる情報を雑談で伝えよう」――このようにして生まれる小さな会話にこそ、コミュニケーションの基盤となる心理的安全性が隠されています。しかし、オンライン・コミュニケーションにおいては、このような小さな気がかりや悩みを相談できないものです。そもそもオンラインでは、立ち話や雑談など、〝不要不急〟で〝非効率〟な時間に割く余裕が生まれにくいのです。

もう一つの注意点は、皆が皆、人とのつながりが希薄になるリモートワークに慣れるわけではないということです。在宅勤務をはじめ、生活の大きな変化にうまく適応できる人もいますが、この変化を受け入れるのが容易でない人もいることに留意が必要です。

「リモートワークで周りに人がいないといっても、何か困ったことがあればネットで調べればだいたい対応できるのでは」と考える向きもあるかもしれませんが、やはりそれだけでは不十分です。

何か不安があるような時にSOSを出すとしたら、皆さんは、どこに助けを求めるでしょうか？　インターネット上のウェブサイトでしょうか。たしかに、オンラインのどこかに答えが転がっているように思えます。ネットで検索すれば、一定の答えは得られるかもしれません。しかし、検索している人の側にある、その心の裏にある孤独やさみしさといった「思い」を、ネットはすくい取ってくれません。

それに、いちばん困るのは、何か特定の問題というより、「困っているのに頼れない」という状況そのものと、そのために起こるネガティブな感情に振り回されるという問題です。それはインターネットから得られる答えだけでは解決しません。一方、対面して顔を見れば、表情や、雰囲気、しぐさなどのノンバーバル・コミュニケーションで、その人の不安や自信のなさを感じ取ることもできます。解決策が見つからなくても、困っていることを話せた、話を聞いてもらえた、というコミュニケーション自体の意義や、人に頼る力の重要性は、オンライン時代においても変わらないのです。

ＳＯＳを見逃さないための仕組み

リモートワークの環境でも部下からのＳＯＳを見逃さないようにするには、どうしたらいいでしょうか。これには実は、「育休中の部下のマネジメント方法」が大いに役立ちます。育休中の部下やリモートワークが多い部下には、「出社時に顔を合わせて話をするような機会がない」、しかし「継続的にコミュニケーションが必要」などの共通点があるからです。

例えば、育休中の部下を持つ上司のマネジメントのポイントとして、次のようなものが挙げられます。ちなみにこれらは、自分自身が六回の産休を経て、当事者として、あったらいいなと思った経験から書いているものです。

①育休中でも、月に一回程度は部下と1対1で連絡を取り合う

これは、何もトラブルがなくても、特別な案件がなくても、会う機会を設けておくことでピンチの時にアクセスしやすくなるためです。

②上司から定期的に情報提供（近況、人の異動など）する

③活躍への期待を込めた質問をする

「今後（育休中なら復帰後）、どんな仕事をしてみたい？」「どんな場所で仕事してみたい？」など。

④利用できる制度の情報を提供する

オンライン研修や語学レッスンなど、教育機会の提供（それぞれの状況に配慮し、必須にしないことが前提）や、保育、介護、通院サポート体制の説明。

⑤育休中の生活リズムや勤務環境を把握する（おおよその1日のリズムを聞いておく）

部下から聞いておくべきことは、次の通り。

・復帰した時には仕事とどんなこと（家事、介護、闘病、育児など）を同時進行でこなすのか。

仕事以外のタスクも確認。その出勤・退勤時間への影響

・どんなサポート体制があるのか（シッターさんやサポーターさん、親族など）

・どんな条件によって、この勤務継続が脅かされるのか。予期せぬトラブル（例えば子どもが病気の時）の支援体制などのシミュレーション

・休暇取得、希望する勤務システム、呼び出し対応、時間外労働などの制限について

⑥部下の意見を重要視していることを伝える

ワークライフバランスをとることで手一杯な部下には、効率よく働き成果を出すだけでなく健康を大切にしてほしいと伝えるとともに、「組織全体で取り組むべき働き方の改善点があれば提案してほしい」と話し、当事者の意見を聞き、今後の対策に活かすだけでなく、その人の考えを重要視していることを伝える。

⑦コミュニケーションツールの希望を聞く

部下が希望するコミュニケーションツールの種類（ＳＮＳなど）を指定できるようにする。そのツールを使ったうえで、上司として知りたいことを、不明点を残さず、遠慮せずに聞く。

⑧あえて過剰な配慮はしない

短時間勤務の場合は、本来の能力発揮を期待した仕事の割り当てをして、部下が暇を持てあましたり、仕事が自分の能力を下回ると感じることがないようにする。

職場のストレス決定要因

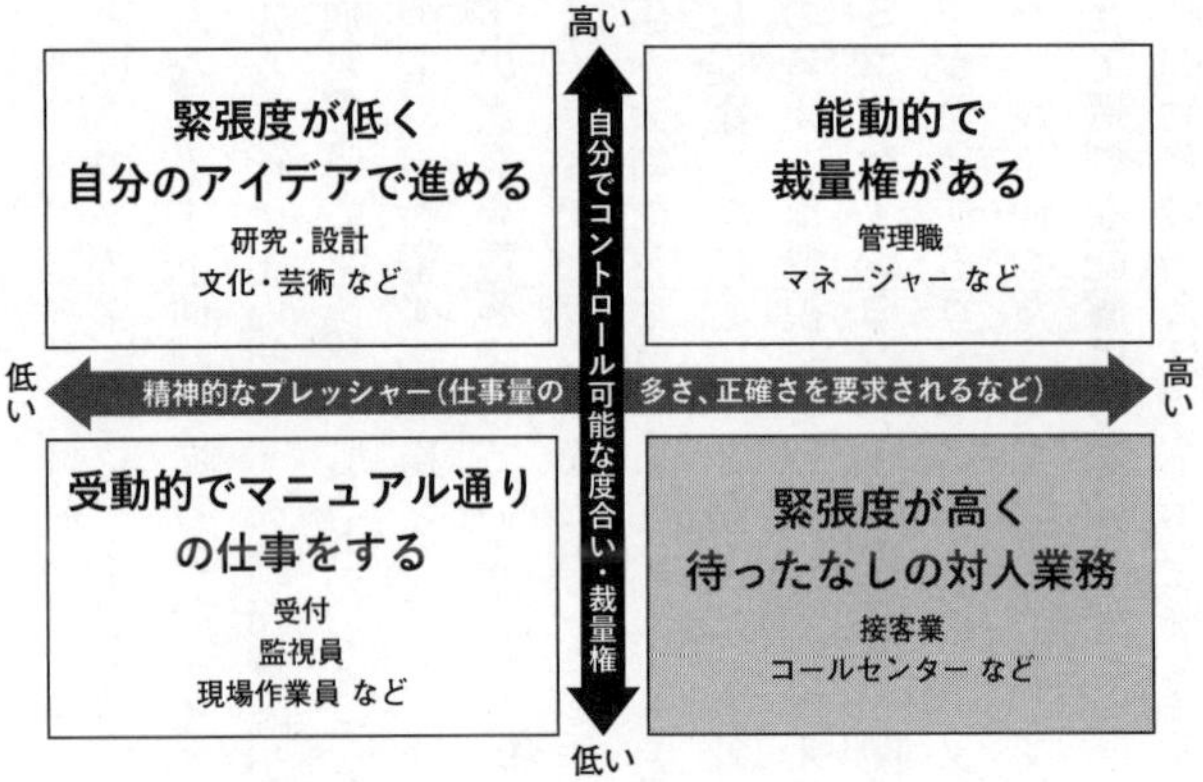

ハーバード公衆衛生大学院教授イチロー・カワチ先生講義スライドより

これも私の恩師のイチロー・カワチ先生から学んだことですが、職場のストレス決定要因は、精神的なプレッシャーや課される業務の量と、自分でコントロール可能な内容かどうかで決まることがわかっています。

つまり、同じくらい忙しく、「間違ってはいけない」というプレッシャーの強い仕事であっても、裁量権を持つ上司と、裁量権のない職員とでは、「自分ではコントロールできない仕事だ」と感じている部下のほうが仕事に関するストレスが大きいのです。ですから職務内容に配慮する時は、働く時間や場所をコントロールできることや、裁量権についても忘れずに検討するとよさそうです。

他にも、育休中の部下に対しては「長期的

なキャリア開発の視点に立ったマネジメントをし、キャリア目標の設定や能力開発機会の提供は通常勤務者と同様に扱う」のもポイントです。これらも含め、リモートワーク中の部下のマネジメントに活かしていくとよいでしょう。

「SOSを出しやすい環境」4つのポイント

人との接点や対話、立ち話が減った今、例えば「メールするほどではないけれど少し気がかりなこと」についてコミュニケーションの限界を感じることはありませんか？

私も、重要な仕事をお願いしている同僚の先生とのすれ違いや、忙しくて無駄話もできないような緊迫した災害対応をする中で、「もしかしたら、この人に迷惑をかけているのでは？　不満を持たれているのでは？」とヒヤッとしたことがあります。

同僚や部下とのちょっとしたコミュニケーションを活発にして、雑談を増やすためにできることはないでしょうか。ここでは、私が実践していることも含め、なるべく「SOSを出しやすい」雰囲気をつくるための工夫を4つ紹介します。

①わざとアイスブレイクタイムを作る

私は様々な企業の取り組みを真似て、学生や同僚がいつでもふらっと来られるような部屋をＺｏｏｍで再現するにはどうしたらよいか、適度な雑談タイムを作り出すにはどうしたらいいか工夫し、自分からそうした機会や場を作ることを意識しています。

昔ならお土産を配って歩きながらリアルでちょっとした会話をしていたのと同様に、職員の孤立を予防したり、縦・横の情報の流れが良くなるようにしています。皆さんもいろいろ工夫されていることと思いますが、どんな方法が、ＳＯＳを出しやすい風土づくりにつながるのでしょうか。

クラウドサービスを使ったり、スケジューラーを共有したりして、なるべく体調や感情の見える化を図っているという職場もあるでしょう。私は、自分が主催するオンライン会議では必ず最初の「チェックイン」をするようにしています。チェックインとは、ホテルにチェックインするように、オンライン会議の参加者の皆から最初に声や文字を出してもらうことで、連帯感や帰属意識を高めてもらい、主催者は、それぞれの表情や口調やテキストから雰囲気を読み取り、その日の会議の進め方を考える手法です。

例えば、「最近食べた一番美味しいもの、店」「ここ2週間で一番嬉しかったこと」などをテーマにチャットに記入してもらうだけでも、お互いに打ち解けるアイスブレイク代わりになります。１００名以上の学生たちが聴いているオンライン講義では、他の人が記入した内容に気を取られて臆《おく》することがないよう、「チャットカスケード」という手法を用います。これは、主催者からの声がけで一斉にチャットのエンターキーを押してもらい、それぞれが書き込んでいたチャットが一気に流れるようにする方法です。チェックインの時間がない時は、Ｚｏｏｍの名前欄に今の気持ちを絵文字や記号で示してもらうこともあります。

ＳＯＳを出すフローの構築……などというと大げさになりますが、こうしたちょっとした工夫を重ねていくことが大切なのかもしれません。実際、オンラインでも感情や個人的な情報を表出してよいのだということが伝わると、個人的な悩みも言い出しやすくなるようです。また、講義では必ず最初に心理的安全性の重要性についての話をし、皆がよりよく学び楽しく過ごすための基盤づくりに努めています。

メールを書くとなるとかしこまってしまうような世代には、雑談コミュニケーションをするほうがいいので、ＬＩＮＥ、メッセンジャー、Slack、スマートフォンのショートメールなど相手が使いやすいコミュニケーションツールを聞いておいたりもしています。

②「モチベーションが低下した部下」への具体策を持っておく

自分のモチベーションマネジメントは、私にとっても永遠の課題です。

例えば子どもの病気で休みが続き仕事が進まなかった時、同期や同僚に比べて仕事の成果が出せず自信を失っている時、キャリアの先が見えない時、自分が期待されていないと感じる時……。そんな時に、理解ある上司が、自分の話に耳を傾けてくれたり、自分のために時間を取ってくれたりしたら、それだけで励まされることでしょう。

モチベーションが低下した部下に対しては、コーチングのスキルを応用して、将来、どんな仕事をしたいのか（自分の子どもに「これをやっているんだよ」と胸を張って自慢できるようなことは何か）というビジョンを聞き出すのもいいかもしれません。

または、これまでの雑談の中で部下がちらっと話していたキーワードを思い出して、「こういう仕事やりたいって言ってなかったっけ」「以前やってた○○の経験／あなたの○○の能力を活かせる仕事があるんだけど、やってみない？」「無理そうだと思ったら断ってもらってもいいんだけど」「私がサポートしますから」と、話を向けてみるのもいいでしょう。

もしマイナスの反応が返ってきても、「焦らなくて大丈夫」「期待しています」「また何かあったらお願いしますね」と話を締めつつ、その後も引き続きコミュニケーションをまめにとり、普段から見ている、親身になっているという姿勢を崩さないようにしてください。

③「頼り下手な部下」への具体策を持っておく

「頼り下手な部下」を生まないためには、日ごろからのコミュニケーションが大切ですが、頼り下手な人にとっては、「何か困ってること、ない？」「手伝えることがあったら、手伝うよ」と言っても言葉が響かないこともあります。困っていて助けてほしい、なのに、それを口にするのもはばかられる——そんな雰囲気があると、SOSを出すこと自体にマイナスイメージが付きまとってしまうのです。

日ごろから、その人が持っている業務量、残業量を淡々と可視化し、その人が自分に与えられた仕事に対し、どのくらいの時間がかかると感じているのか、1日の勤務時間の中でどんな予測を立てているのか、この1週間の中で使える時間はどのくらいあるのか、客観的に聞いてみるといいかもしれません。同時に、普段の残業時間と睡眠時間を聞き、可視化しておくのも手です。

困っていると口に出しにくい人でも、必要な時間を数値で出し、「これはパンクしそうだ」と言語化し、上司と共有できると、ビジネスライクに支援を求めたり、他の人に任せたりすることができます。

また、「上司から」部下に頼ってみるのもいい方法です。部下が得意とする分野の中で自分が知らないことを教えてもらうなど、頼る姿勢を見せることで、部下もこちらに頼りやすくなります。

④「気分が落ち込んでいる部下」への具体策を持っておく

頼れない時ほど、自分に余裕がないことが多いものです。「任せるくらいなら、自分でやったほうが早い」「引き継ぎやしりぬぐいが面倒」と、心に余裕がないと、頼むためのエネルギーもわいてきません。

気持ちが落ち込むことは当たり前で、人間関係や、病気、健康問題によるストレスがあると誰でも次のような症状が出ます。

・不眠、食欲不振、倦怠感《けんたい》、肩こり、腰痛、頭痛、息切れ
・不安、無気力、判断力低下など

こんな時は、専門家によるカウンセリングを受け、精神科医、心療内科医以外にも臨床心理士や精神保健福祉士、ソーシャルワーカーなど、比較的相談しやすい存在があることを普段から伝えておくようにしましょう。誰でも落ち込むことはあり得ることだという前提を共有しておくことで、自分の状況を客観視することにつながります。

ストレスマネジメントについては多くの方法論がありますが、ストレスの負荷が大きくなってきた時、どんな症状が出やすいのか、普段、または入社時にチェックリストで確認しておくというのもいいでしょう。

また、「ホッとすること、リラックスできることをリストアップしてもらう」のも一つの方法です。余裕がなくなったら、15分だけ休憩を取っていいから、そのリストにあることを何でもしていいよ、想像するだけでもいいよ、と伝えることで、リフレッシュの機会を作るようにしてください。

上司が「部下に頼る」ための考え方

「リーダーは、孤独だ」とよく言われます。企業でも、医療機関でも、行政でも、職種を問わず同様の話を伺いますし、組織にいる人でも独立している人でも同じです。経験を積み、役職や立場が上がっていくにつれ、誰もが感じる共通の思いなのではないでしょうか。

その仕事に精通し、やりがいを覚え、自分の貢献度合いやノウハウを知り抜いているからこそ「できて当たり前」「できなかったら自己責任」の考え方が強まるのは当然です。新人ではないのだから、自分がやればできるはず、という過去の経験に裏打ちされた自信が、人任せにできない仕事の流儀をも編み出しますし、むしろ、自分が最もよくわかっている仕事を他の人に任せるという発想にはつながらないかもしれません。

しかし、どんなリーダーにも、「頼るべき上司」がいて、「頼りがいのある部下」がいて、「頼りやすい参謀」がいたのではないでしょうか。孤独とされるリーダーにも「頼る相手」がいるはずなのです。

その相手が自分より年齢の若い人であってもかまいません。最近は、若手社員が上司や先輩のメンターになる「リバースメンター」という制度を採り入れる会社も増えているくらいです。

スイスのビジネススクール・ＩＭＤが発表する「２０２３年ＩＭＤ世界人材ランキング」[5]によれば、日本は64カ国・地域の中で過去最低の43位となっています。なかでも「マネジメント教育」の評価項目では60位になっており、研修・教育の面が十分に整備されていないことが管理職のスキル不足につながっていることがうかがえます。向上心のある管理職が多くても、学ぶ機会が足りないのです。上司としての研修や教育の機会が限られている時には、「若い人に頼ること」を学びの機会の一つとして捉えてみてください。自分以外の人の感覚を知り、そういう捉え方もあるのか、そういう情報もあるのか、と教えてもらうことにもなります。そしてそのためにはまず自分から、「相談することは自分の視野を広げ、成長につながるのだ」と、謙虚さを示すことも必要です。

部下を頼り、任せるコツ

若手に限らず管理職も、頼ることはいまや注目すべき「スキル」です。このスキルが高い人ほどストレスに強く、自分や他人への信頼感が高まりますし、むしろ今の世の中においては、頼れない人のほうが生きづらさを抱えることになります。

「時代は変わったな、昔は一人でやりぬくことが仕事力の証《あかし》だったのに……」と思う上司世代の方もいるかもしれません。しかし、変化の激しい時代において、「頼るスキル」を使ったマネジメントは変化に対応しやすい組織をつくるだけでなく、部下の育成にも役立ちます。部下を頼り、仕事を任せることを通してチーム力を上げていくことができるのです。

部下に仕事を任せるときにも、「頼るスキル」の考え方が役に立ちます。

おそらく、誰にどう割り振るのか、上司の方は丁寧に考えながら進めているとは思いますが、「これはあなたの仕事」「これはあなたに任せるよ」と伝えるときに、例のＫＳＫを思い出してください。

「あなたは〇〇が得意だから」「あなたは〇〇が丁寧だから」（Ｋ）

「ちょうどあなたがうちの部署に配属されていてラッキーだったよ」「仕事を覚えたばかりなのにやってみようとするなんて、助かるよ」（Ｓ）

「アサインするまでちょっと重荷だったんだ、ありがとう。成果に直結する大事な部分だか

ら、引き受けてもらえてホッとしたよ」(K)

こうした一言を入れるだけで、部下に頼り任せるときの罪悪感が減り、ハードルが下がります。しかもそれだけでなく、相手のモチベーションまで上がるのです。また、自身が「頼れないタイプ」と感じている部下(「はじめに」で述べた、内部要因・外部要因にかかわらず)が「頼るスキル」を身に付けることにもつながります。

任せたはいいけれど、期待したようなものが返ってこなかった、ということもあるかもしれません。丸いものを作ってほしかったのに三角のものが出てきたり、手本通りに作れと指示したら、修正すべき部分が変更されていなかったなど、「任せたはいいが、結局自分で修正することになり時間が余計にかかる」とがっかりした経験がある人もいるでしょう。
そんな時は、第3章でも紹介した、フィードバックの「TOFF」を応用してみましょう。T(タイムリーに)、O(順序よく)、F(焦点を絞って)、F(前向きに)行うフィードバックは、任せる相手を育成するときにも使えます。

T:これまで10年分の資料をまとめてくれたんだ! 助かるよ。
O:グラフや表で整理されていてわかりやすいね。

F：部署別、利益別に分類して、コロナの前と後とで比較するというのはどうかな？
F：こうしてまとめ直すと、今後の戦略を立てる参考にもなると思うんだ。

リーダー自身のケア

さて、最後に上司世代の人に覚えておいていただきたいのは、リーダーであっても鉄人・超人などではなく、疲れを癒《いや》しリフレッシュする時間を確保することが必要だということです。

私たちは、仕事上の責任が大きくなればなるほど、役職が上がれば上がるほど、弱音を吐いてはいけない、強くあらねばならない、という意気込みが強くなるものです。また、人に好かれ、タフで、頼もしいリーダーシップ像を描くリーダーほど、自分の悲しさ、寂しさ、孤独をなかなか受け入れられず、戸惑うことがあります。

しかし、孤独や寂しさを感じるのは、決して特別なことではありません。人として普遍的な感覚です。むしろ、弱音を吐くこと、心細い自分を認めることは、レジリエンスの獲得につながりますし、危機への対処に際して心強い武器になります。危機を乗り越えるだけでなく、それを踏み台に成長することもできます。

集中力を高め、生き生きはつらつと働くリーダーは素敵ですが、交感神経優位で戦闘態勢になると集中力は高まる一方、視野も狭まり、目の前のことしか見えなくなります。うまくいかない、困った、ということがあったら、「これが解決してから自分にご褒美」ではなく、「まずはご褒美の前払い」と思って、自分がリラックスできること、リフレッシュできることに、15分でもいいので時間を使ってみてください。

せっかく良いアイデアやアドバイスがもらえても、緊張して周りが見えていないと、受け入れることができなくなります。リラックスすることで副交感神経が優位になり、気持ちに余裕が生まれ、それまで見えていなかったこと、周囲のこと、忘れていたことに気付くことができます。良いアイデアを生み出す「3B」として「Bath（風呂《ふろ》）・Bus（バス）・Bed（ベッド）」は有名ですが、リラックス時間を意識的に確保することで、視野を広げ、誰にどう頼ればいいのか、どこに助けを求めればいいのかを考えてみると、また別の発想が生まれるのではないでしょうか。

「頼り合える組織」をつくる長期的な目線

ライフネット生命を創業され、立命館アジア太平洋大学（APU）の学長を務められた

（2024年から学長特命補佐）出口治明《でぐちはるあき》さんは、組織のリーダーとして、部下をはじめ様々な人材に頼り、任せることを大切にしているそうです。その理由を、リーダー論を説いた著書『決定版「任せ方」の教科書』（KADOKAWA）のなかで、次のように書いています。

「性別も年齢も国籍も、垣根を取り払うことが大事」「多様な人材に任せることでしか、会社は成長しない」

リーダーは、すべてのことを自分でやらないといけないわけではありませんし、そんなことはそもそも不可能です。出口さんは、1人の人間ができることの限界があることを前提にして、様々な人に頼ること、「どんな部下も信頼して、仕事を任せる」ことこそを、リーダーの要諦《ようてい》と考えているのです。

そして、そのような考えを持つリーダーがいる職場には、自然と心理的安全性も生まれます。実際、ライフネット生命でもAPUでも、若い世代の社員・職員が出口さんに対してずけずけと意見を言ったりしていたそうです。

そのような組織風土をつくることは、一朝一夕にはいかないこともしれません。しかし、長期的視点から組織の力を上げ、持続させていくことを考えるのは重要なことです。

皆さんは、「後継者育成計画（サクセッションプラン）」という言葉を聞いたことはありますか？ 私がこの言葉を知ったのは、２０２１年春から半年間学び、大きな影響を受けた一般社団法人World in You（https://worldinyou.org/）ボードフェロープログラムでのディスカッションの中でした。

このWorld in Youでは、「多様な人々がその視点やリソースを、組織の意思決定、ミッション実現に活かしていく、社会的価値を創出するガバナンス（Governance for Impact）を探求し実践していく」ことを目指しています。私は、この趣旨に賛同し、「ボードフェロー」（プログラムの参加者が、互いに理事〈ボードメンバー〉のような立場で関わることを指す）として一緒に探求・実践していきたいと、プログラムに応募したのです。[6]

社会にインパクトをもたらすリーダーシップを発揮する実践型プログラムの第1期テーマは、「INCLUSION & EMPOWERMENT ～ こどもを産んだ後も女性が本来の力を発揮し続けられる社会の実現」でした。6人の子どもを育てながら社会をより良い場所にしたいと試行錯誤を続けてきた私にピッタリのテーマです。私は「子どもを産んだ後も」というより、「子どもを産んだからこそ、よりしなやかに、強く、楽しく力を発揮できる社会の実現」と、テーマをより前向きに読み替えて参加しました。

このプログラムはビジネスリーダーと非営利組織の経営者が、社会課題解決事業の経営について本質的な議論・協働を行う6か月間の実践型プログラムで、国内外の組織のガバナンスの在り方を学んだり、参加者の知見や経験から多くのことを教えてもらえたりと、とても刺激的な場でした。

その中で話に出たのが、サクセッションプランという言葉です。

サクセッション（succession）とは「継承」「相続」という意味で、サクセッションプランとは、平たく言えば、企業の幹部人材の育成計画のことであり、優れた人材を長期的な視点で育成していく人材マネジメントシステムです。外資系企業の中には、人事業務の一部として組み込んでいるところもあるようです。

どんな立派な創業者がいても、どんなに華々しい成功を収めても、後継者がいなければ継続的な活動ができません。私の身近なところでも、地元住民からの信頼が厚い名医の先生が開業・経営しているクリニックが、後継者難で閉院してしまうという事例をあまた見てきました。そのような現実に対し、海外では後継者育成について体系的な手法が確立されているというのです。

組織運営という観点からも、「頼り合い、みんなが受援力を発揮できる風土」を醸成していくにも長期的な視点は必須です。

ともすれば、頼られる側の人たちの中に、「一部の人だけ優遇されて、自分たちがしわ寄せを食っている」という思いが出てくるかもしれません。そうしたことが起こらないように、なるべく大局的見地に立って組織運営をする必要があるのです。

これは、子どもを抱えながらフルタイムで働いてきた私自身の、苦い経験からも言えることです。

子どもが熱を出し、保育園から呼び出された。しかし目の前の診療は待ったなし、患者さんの命も健康も大事で、仕事にやりがいを持っている。もちろん子どもの命も健康も大事で、授かったことそのものに感謝している。そんな時は「仕事」と「家族」の間を行き来して引き裂かれるような気持ちになります。周囲に謝りながら家族を優先する一方で、「どうして子持ちだけ優遇されるんですか?」「子育てしている人の仕事が私に回ってきて、私の負担ばかりが大きくなるんですよ」という声がダイレクトに聞こえてきたこともありました。

子育ても介護も闘病も一時的なことで、お互いに支え合って乗り切りましょうというのはきれいごとで、やはり気持ちに余裕がないと他人への優しさも生まれないのだということを痛感しつつも、その時は頭を下げるしかありませんでした。しかし、いくら自分のせいではないライフイベントのためだとしても、やはり、人のお世話になってばかりでは居心地が悪く、続けられません。

ただし、子育てや介護を担う社員は、思い通りにならない日常生活を切り盛りする中で忍耐力があり、急な休みに対応できる用意周到さをもちあわせ、時間内に終わらせるための効率的な仕事をする力をも養っています。長期的にみると、戦力となる貴重な人材なのです。

もし皆が、もっと長期的な視点で、組織のガバナンスを捉えることができていれば、誰もが働きやすい職場となり、離職率を下げることができるのではないでしょうか。

「長期的な視点」をどう持つか

組織運営に長期的な視点を持ち込むにはどうしたらいいでしょうか。

まず、組織の中の役割を細分化して考えてみてください。一般的には、トップリーダーにいる人、ナンバーツーの人、その人のサポート役、この領域の責任者などです。

そして、それらの役職にある人がその仕事を長期的に離れなければならなくなった場合に備え、今、リーダーシップを発揮できる人、今、ロジスティクスを担当できる人、今、現場で即戦力になる人は誰かを把握します。それだけでなく、「2年後に、その立場になってほしい人」や、「3年後に、～」……という形で、それぞれの立場で2～3名は候補者を挙げてみるのです。

このようにして長期的な視点を持って人を育てていくのが、サクセッションプランです。

現段階では〝控え〟にいるかもしれないけれど、コミュニケーション力が高い、または交渉力がある、資料作成がうまいなど、秀でたスキルを持つ人がいます。それぞれの強みを把握できれば、「今後、こんな経験を積んでもらい、こんな場数を踏ませて、このポジションに」……という人材育成の戦略を立てられるかもしれません。

また、育児、介護などのようにわかりやすいケースばかりではなく、婚活、不妊治療、家族の看病、自身の病気、長時間労働による過労、仕事以外の社会貢献活動、趣味など、すべての個人には尊重されるべき事情があることを忘れないようにして、時間的制約のある職員の業務をカバーした人が評価される仕組みを作っておくとよいかもしれません。

受援力を発揮しやすい職場環境と風土は、

・ライフイベントをその人個人の問題（ハンディキャップ）とは捉えない
・組織全体で「ガバナンス」や「継続した発展」を考えれば、様々な役職に必要性があるし、様々な年代の人が必要だ
・現在なんらかの支援を必要としている人も、長期的な視点で見れば特定の役職の次期後継者である

といった認識から生まれます。

社会の高齢化に伴って、長期間にわたり働き、介護や病気とともに生きていくのが当たり

前になる時代において、組織の継続・発展と社会貢献を意識する企業では、今後、「今はどんどん頼ってください。そしていつか、今度はあなたが後輩を助けてあげてくださいね」という受援力がもっと注目されていくのではと感じています。[78]

ダイバーシティ＆労働人口減の中で頼り合う社会を

これからは、マイノリティがマジョリティとなる時代です。皆がマイノリティの集まりであり、「スタンダードな単一規格」や「普通」というものはない、と認識する必要があるのです。

仕事上でも、これまで以上に関わる人の多様性が増す時代においては、皆が少数派になるため、それぞれが「誰かに頼る」必要がある場面が多くなります。つまり、ますます受援力に目を向けなければいけないのです。

近年、ダイバーシティ・インクルージョン＆ビロンギング（Diversity, Inclusion & Belonging, DIB）というフレーズをよく耳にするようになりました。ただ、地域住民が比較的均質的で、どちらかというと「同調圧力」社会で生きて、他の人と違うことを恐れる時代を長く過ごしてきている私たち日本人は、「ダイバーシティ（多様性）」と言われてもピンとこないかもしれません。

「ダイバーシティ」の定義は幅広く、ギャラップ社の2018年の報告書[9]では、多様性とは、性別、性的指向、宗教的信条、民族、社会経済的背景、障害の有無、人種、文化などを含む「『人間の人口統計学的差異の全領域』を表す」としています。私たちの生活を包括的に捉える定義です。

また、「インクルージョン」とは、文化的、環境的な帰属意識であり、すべての人が歓迎されていると感じられるようにすることです。自分も組織の中の貴重な一員であると感じられるインクルーシブな環境では、社員は自分の個性が評価されていると感じ、自分のアイデアや自分自身の本音をシェアすることに抵抗がありません。マッキンゼー社の調査によると、従業員の多様性が高い組織は成功する確率が上がり、多様性に富んだ文化がより良い結果を生み出すことが明らかになっています[10]。

加えて企業は、スキルや多様性のギャップを埋めるために、「ビロンギング」、つまり人と人とのつながり、信頼、連帯感のある行動に投資する必要があります。こうした絆《きずな》づくりが必要とされている今だからこそ、上司の方たちが先手を打って受援力の考え方を広めることで、もはや多数派となった、多様なマイノリティの人々が頼りやすくなり、力を発揮できるのです。

労働力人口が少なくなるという、社会構造の変化

私たちは、これまで誰も経験したことがない、未知の世界を毎日毎日駆け抜けています。

とくに、私がこの10年以上にわたって熱心に取り組んできたテーマである少子高齢化社会の足元を見ると、先行きがおのずとイメージでき、大きなシステムチェンジが必要になってきていることがわかります。

例えば、15歳未満の子どもの割合が全人口の何％か、ご存じですか？

15歳未満の子どもの割合は毎年発表されていますが、発展途上国であれば30～40％、先進国では15％前後が多い中、日本の割合は11・5％（２０２３年4月1日現在、総務省統計局）と、世界の中で最も低い値です。そしてここ数年は毎年約０・１ポイントずつ減少しています。

つまり、生産者人口が継続的に減っていくという前提で、社会システムを考えなければならないということです。私たちは、今までより少数のメンバーで、これまでよりも圧倒的に多い情報量を前に、変化に対応しながら働き続けていかなければならないのです。また、皆が皆同じような働き方をするわけではありません。人生１００年時代を踏まえ、これからは自然と「様々な仕事を経験する」「定年退職しても元気なうちは働き続ける」「働いた後に学

び直す」など、多様な人生プランを選択するようになるでしょう。

よく耳にするVUCA（ブーカ）時代とは、Volatility（変動性）、Uncertainty（不確実性）、Complexity（複雑性）、Ambiguity（曖昧性《あいまいせい》）という4つの単語の頭文字をとった言葉ですが、新型コロナウイルス感染症はもちろんのことヨーロッパやアジアでの政変、様々な技術革新を見ても明らかなように、私たちを取り巻く環境は目まぐるしく変化しています。不確実な要因が多くて予測不可能な状況の中で、状況を正確に把握し、全体的な最適解を出すことは、一つの領域の専門家だけでは不可能です。多種多様な人々の英知をうまくまとめる、メタ・リーダーシップ（俯瞰《ふかん》的な視野を持ったリーダーシップ）が必要です。

そして、このメタ・リーダーシップを発揮するためには、どうしても「受援力」、そして、助けられることを肯定するマインドセットが必要なのです。

私が2008年にハーバード公衆衛生大学院でメタ・リーダーシップを学んだ際は、「多様な視点の必要性」「お互いの強みから学ぶことの方法論」、そして「つながる力（コネクティビティ）」の重要性が強調されていました。この「つながる力」を発揮するメタ・リーダーは、自分の所属する部門、部署、または組織の内外の多くの努力や成果を意図的に結びつけ、活用することの必要性を認識しています。そして、努力している人同士のつながりが活発になるように努めるのです。

これからは、「部下」や「上司や報告権限者」といった「組織内での上下をつなげる力」だけではなく、「組織外へとつながる力」も重要となります。

その結果、これまでであれば「自己責任」でなんとかなっていたかもしれない領域においても、社内外とのネットワークを駆使して、一人では、または一社だけでは到達できなかった成果を達成することができ、コラボレーションが生まれるのです。[11]

これも、受援力が生み出す「つながる力」が今後のビジネスシーンでますます必要となってくる理由の一つです。

これからの新しい時代に必要な受援力

私が小学校から自治体研修まで、様々な組織で、幅広い年代の方に対して受援力の講義をしていて、いつも感じることがあります。

それは、「受援力」という言葉は、助けてと言えない人だけでなく、普段から助けてもらってばかりの人にもポジティブに働くということです。「助けられることは、いいことだ」というメッセージは、頼り下手な人はもちろん、いつも人に頼ってばかりという人に対しても、自己肯定感を上げる効果があります。

小学生や中学生、あるいは大学生に向けて、健康教育や性教育、自殺予防などについて話をする時に「受援力」について触れると、「受援力という言葉を聞いて、楽になった」という感想が寄せられます。こうしなさい、ああしなさい、こうすべき、という正論の押し付けや、こうすれば健康的な生活を送ることができる、こうすればデートDVを予防することができる、といった方法論ではなく、「受援力」という、自分でコントロールできる話のほうが自分ごととして捉えられ、具体的で身近な行動変容につながりやすいのかもしれません。

例えば、大学生を相手に女性の健康に関する講義をした際、将来へのエールとともに、受援力に関するお話をしました。その後、アンケート結果が届いたのですが、講義の中で最も印象的だった内容として、8割以上の参加者が「受援力」を挙げていたのです。

この大学生向けの授業の中でも、「自分の受援力を思い出そう」というワークをしていました。2～3人のグループになってもらい、
・自分が助けてもらった時のことを思い出して、助けてくれた相手に抱いた感情を話す
・自分が誰かを助けてあげた時のことを思い出して、助けた相手に抱いた感情を話す
というお題に取り組んでもらったのです。このグループワークのあと、「人を助けた経験、助けられた経験について、どんな話が出たか」について、内容をシェアしてもらいます。こ

の時、「自分たちの中では、人を助けてあげたことが思い出せないということになりました」「人の役に立ったかどうか、わからない、迷惑だったかも」といった意見が出てきたことがあります。自分が人の役に立てたか実感がない、役に立てたかなんておこがましい、という謙虚で自信がなさそうな発言が気になる一方、その日のアンケート回答の中で、私の心に深く残ったのは、次のような感想でした。

「私は助けられてばっかりで自分が助けている感覚がないのですが…と答えたところ、先生が『人の優しさを引き出すことができる価値ある人間』と仰《おっしゃ》ってくださったことがとても印象に残っています。私は本当にメンタルも弱く、生活習慣も乱れていて、人を困らせてばっかりだと思っていたのでこの言葉に少し救われました。ありがとうございました」

「受援力について学んだり自分の中で考えたりして、自分は人を頼ってばかりで助けてもらっていることが多く、毎回毎回また迷惑をかけてしまった、他の人の力を借りてばかりだと思うことが最近特に多かった。そのせいで自己肯定感が下がり、なんで自分はいつもこうなってしまうんだろうと考えていたが、助ける側も頼られることで喜びを感じたり、助けられる側も助ける側の優しさを引き出している存在であるんだよという先生の言葉に救われたし、心が少し軽くなった。すぐに何でも人に頼りすぎるのは良くないけれど、辛《つら》いとき困っているときは頼ったり、甘えたりしてもいいこと、助けてくれた人には自分が感じている素直な感謝の気持ちを伝えることを学んだ。自分が助けてもらった分自分も周りが困っていたり辛い思いをしていたら力になって、助けたいと思う」

「人に頼ったり頼られたりすることはどちらも良いことで、人に頼りっぱなしの自分の生き方も別にいいんだなと、なんとなく心が軽くなりました。また自分で頑張れることと他者に頼る必要があることの線引きを判断できるのが自立ということだったので、そういうことを考えて今後いろんなことを乗り越えていきたいなと思いました」

「私たちのグループでは助けてもらった時の印象として、尊敬、感謝、それ以外に自分が焦っているときに客観的に見てくれる存在などの意見も出ました。助けてあげたときの印象として、人として成長できたのかなと感じることや、いいことをした気分などが出たのですが、反対にもし逆に相手が困ってしまったり断られてしまったときは、悲しい気持ちになったり、失敗したらどうしようと悩むなどの意見が出ました。人を助けたりすることはとても勇気がいると感じ、たとえ断られたとしても、助けようとしたその気持ちが大切であると考え行動していきたいです」

これらのコメントを読んで、助けられることが多い人でも、負い目や引け目を感じていないわけではないのだと改めて思いました。本書で何度も書きましたが、小さな頃から「自分のことは自分で」という意識が刷り込まれると、どうしても、人の力を借りると情けなくなる、プライドが傷つく……という感覚を持ってしまうものです。私も、ある時からは「自分でできないことは、仕方がない」と切り替えて周囲にすぐ相談できるようになりましたが、助けてもらう時はやはりいくばくかの心の痛みがあり、負い目があります。

多くの若者と受援力ワークをする中で、私以上に将来が不安定で悩みの多い若い世代には、助けてもらう時の痛みを恐れるあまり、問題を抱え込んでほしくないと強く思いました。ですからこれからも、相談してくれたり、助けを求めてくれたりした人に対しては、「相談してくれてありがとう。勇気を出して、助けを受ける側に回ってくれてありがとう。あなたは自分が弱い存在のように見えるかもしれないけれど、周りの強みを引き出す、私の喜びを引き出す、ありがたい存在です」と伝えていくつもりです。

次世代に引き継ぐべきサバイバルマインド

受援力は、特に災害時、災害後に必要なマインドセットですが、日常においても発揮できる重要スキルです。家族の病気、近しい人の死、予想外の異動、離別など、人生における様々な種類の〝災害〟は、誰にでも起こりうるものです。その時の自分の心の保ち方や、リソース・マッピング（支援を提供してくれる資源やSOSを出してもいい相手を探しておくこと）の手法が役立つのは、防災に限りません。

人に頼ることで周囲とつながり、心理的安全性や楽観的思考を育《はぐく》むこともできます。そしてそれを自分のピンチに活かすこと。受援力とは、パンデミック後の「ニューノーマル（新しい常態）」の時代を生き抜くサバイバルスキルともいえるかもしれません。

個人が持つ能力には凸凹があり、得意なこと、不得意なことは人それぞれです。状況によって心に余裕がある人もいれば、余裕がない人もいます。自分は心のコップ（許容量）が大きいから大丈夫と思っていても、家族の病気で水が一気に増えたり、自らのケガでコップが急に小さくなったりすることもあるでしょう。

自分で余裕がないと思えば「助けて」と声を上げてよい――「頼る」ことをポジティブに捉える「受援力」が、困っている人本人だけでなく、困りごとを抱える可能性のあるすべての人の生きづらさを助けるキーワードとして広まっていけばと思っています。

私はいま、受援力を発揮することで地域の絆が強まることを、ソーシャル・キャピタル指数を使って検証しようとしています。日本人には長所も強みもたくさんありますし、縮みゆく日本で一人ひとりの力を伸ばし、時間を効率的に使うためには、お互いの強みを出し合い、助け合うことが必要です。1人の医師として、公衆衛生学の専門家として、母として、世界を見てきた経験から、今、このタイミングで受援力を知ってもらうことが、1人でも多くの人を救うのではないかと思っているのです。

子どもは、親の背中を見て育つ、とはよく言われることです。部下も、上司の背中を見て育つという側面があるかもしれません。自分自身の受援力を高めることで、周りの人々のパフォーマンスが高くなることはもちろん、次の世代にも、確実に、重要な受援力が受け継がれます。

私が子どもに引き継ぎたいと思っている「生き抜くためのノウハウ」のナンバーワンに挙げられるのは、受援力です。幸せになってほしいと願う若者たちのそばに、私たちがいつでもついていられるわけではありませんが、私たちが心から大切に思っている人に受援力を身につけてもらうことはできます。本人が「周囲とのつながりを生み、支えてもらいながら頑張る」ことを肯定できるよう、受援力向上のための具体的なアプローチを今後も広めていきたいと思っています。

おわりに

本書を読み進めてこられた皆さんは、今、どんな状況で、どうなりたいと思い、どんなことで自分の才能を活《い》かしたいと思っているのでしょうか。

皆さんのそばに寄り添って手助けしたい気持ちはやまやまですが、私一人ではできることが限られてきます。だからこそ、皆さんがご自身で自分の周囲にいるサポーターに気づき、助けられ、また人助けの機会を作ることができるように、この本を書きました。

この本に書いてあることはすべて、私が人様から教えていただいたことばかりですが、これまでの知見を体系的に、新たな形で整理したところに、この本の新規性があります。

本書は、いわばいちご大福のようなものです。目新しくないもの（いちごと大福）でも組み合わさることで、ハーモニーが生まれ、新しい美味《おい》しさが生まれるように、私が出会った知見を世界中から集め、皆さんの人生を助けるスキルとして編み直しました。すべて、既存の知見のレビューであり、私が何か立派な発見をしたのではありません。

私がたくさんの人から譲り受けたものだからこそ、惜しみなく、皆さんに譲り渡せますし、皆さんからも、たくさんの困っている人たちにパスしてほしいと思っています。

新書版への改訂作業をしている間も、私は、受援力のおかげでサバイブできました。

オーストラリアの国際交流機関が呼びかけた国際的スカラシップ事業に選抜され、太平洋諸島（フィジー、トンガ）へフィールドワークに出かけた3月中旬のことです。子どもを持つ身で10日間の海外出張を実現させるには、まず家族、そして両親や友人たちの協力を仰ぐ必要がありました。しかも出張期間はちょうど日本の卒業式シーズン。どうしても三女の中学校の卒業式に出席したかった私は、ほかの参加者より一足先の帰国を了承してもらい、最短で日本に帰国できるトランジットを組み合わせ、フィジー・バヌアツ・ニューカレドニアを経由し、寝ずに成田へ帰りつくプランを立てていました。

私が自分の研究発表を終え、急ぎフィジーの空港に着くと、チケットカウンターで何やら難しい顔で交渉している人がいます。私はオンラインチェックインをしていたので、あとは荷物を預けるだけと思っていたら、「豪雨と洪水で飛行機が何便も欠航になるため、あなたが乗るはずだったフライトはすでにオーバーブッキングでこれ以上の人を乗せることはできない。明日のフライトに変更するからホテルで待機していてくれ」と告げられたのです。このままでは娘の卒業式に間に合わなくなると焦りました。

私は、カウンターで大勢の客から文句を言われている地上勤務員に、こんな状況になって大変なのはよくわかる、責めるつもりはないけれど、私は娘の卒業式にどうしても出なければいけないので、この便に乗りたい、または、翌日中に帰国できる便に振り替えてほしい、と、頼みました。周囲の人がフライトを断念して去っていく中、私は、娘のためにどうしても早く帰国したいと引き返せませんでした。ずいぶん長く待っていましたが、絶対に乗れないと言われていた飛行機なのに「あなたはすでにチェックインしている」と言われ、搭乗口のほうに行くよう指示されたのです。半信半疑で、荷物を預ける人にも、「別の場所に行く便ではないか」「飛行機は間違っていないか」と何度も確認しました。が、何事もなかったように、豪雨の中を飛行機が飛び、無事、トランジット先のバヌアツの空港に到着したのです。

バヌアツでは入国管理でビザが要る（必要ないのですが）と言われて押し問答したり、予約リストに名前がないと言われて焦ったりしましたが、ここでもあきらめずに交渉し、空港で夜中のフライトを待っていました。Ｗｉ－Ｆｉが無く、お金も持っていませんでしたが、トランジットで5時間待つだけだと気楽に構えていた出発時刻直前、今度は「バヌアツに向かっていた飛行機が豪雨のためニューカレドニアに戻ってしまい、欠航になる」と告げられました。「自然災害だから航空会社には非がない、ホテルや食料、毛布を手配することもできない」とのこと。通信手段も、水も食料もホテルもなく、次の便は2日後になるかもしれないのに、空港には航空会社のカウンターがなく、真夜中でタクシーもおらず、チケットを新しく取り直すこともできません。ここで一晩野宿するだけでなく、娘の卒業式までに帰れないと思うと悲しくなりました。家族に連絡しなければなりませんし、帰国日に仕事の約束をしていた方々に変更の連絡をしなければなりません。

そこに、同じ便の搭乗を待っていたバヌアツ在住の日本人女性のMさんがいました。事情を説明し、困っていることを話すと、なんとMさん自身も帰国できずにいる状況の中、バヌアツのご自宅に泊めてくださったのです。空港からは、地元の優しいご夫婦が私たちを車で送ってくれました。一宿一飯の恩義、とはまさにこのことです。寝心地の良いベッドだけでなくWi-Fiも使わせていただき、おかげで家族、職場、仕事先など方々に連絡でき、別の航空会社のチケットを取ることもできました。オーストラリアでのトランジットに変更したため必要になったオーストラリア入国の手続きも、Mさんのご自宅にいたおかげで何とか申請できました。

翌日、街なかの航空会社のカウンターに行き、窓口が開く30分前から並んだ甲斐あって、一番初めに航空券の交渉ができました。すべてを自分の力で切り開いていかなければならない貴重な経験をして、太平洋の孤島のバヌアツからオーストラリアのブリスベンに到着し、翌日無事帰国できました（卒業式には間に合いませんでしたが）。

今回のことで、どんなときにも、困っていたら助けを求めること、それも、相手に敬意を払い、相手の困難な状況に理解を示しながら、感謝の気持ちを伝えつつ、どんな言語でもどの国にいてもどんなに短くてもＫＳＫを伝える言葉を持つ――これはユニバーサルなスキルであることを実感しました。そして何より、自分から困っていると声を上げたことで人の温かさ、人助けをしたいという人間の持つ良い点に触れることができたのです。

困っている時は、頼ること。それを肯定し、支持すること。忍耐強いことは美徳ではなく、辛《つら》い時には信頼できる人に相談できることこそが望ましいと伝えること――これは、自殺予防や薬物乱用の予防においても重要であることがわかっています。

この受援力スキルが特許を取ることはないでしょうし、もちろんビジネスにもなりません。レジリエンスやマインドフルネス同様、薬になるわけでもなく、商品開発と結びつくわけでもなく、市場に乗らないでしょう。

ただし、受援力は特効薬にならない代わりに、副作用もありません。そして、じわじわと、あなたとあなたの周りに温かい心の交流を広げていきます。

本書をお読みいただき、受援力の重要性に気づいてくださった多くの方々へ。受援力という頼るスキルの重みに共感し出版につなげてくださった隅田《すみた》貫《かん》さん、本書を世に出してくださったKADOKAWAの間孝博さんへ。これまで私を助け、私の中に息づき、私の受援力スキルを形づくってくださった、多くの方々へ。

そして、母親に笑いと喜びを与え、毎日を発見の連続にしてくれる6人の子どもたちと、私のことをいつも応援してくれる夫と両親へ。

ここに、私の心からの感謝をささげます。

もっともっと多くの人が、人に助けられることを肯定し、自分の良さを大切にして、助け合って生きる喜びを感じられますように。世界中に受援力が届きますようにと願ってやみません。

註

第1章

1 笠原正洋：保育者による育児支援：子育て家庭保護者の援助要請意識および行動から．中村学園研究紀要．2000;32:51-58.

2 木村美也子、尾島俊之：未就学児を養育する母親の受援力尺度の信頼性と妥当性．社会医学研究．2021;38(1):41-53.

3 内閣府（防災担当）：防災ボランティア活動の多様な支援活動を受け入れる地域の「受援力」を高めるために．２０１０年

4 DePaulo BM. Perspectives on help-seeking. In: DePaulo BM, Nadler A, Fisher JD(Eds), *New Directions in Helping*. Volume 2 Help-seeking. Academic Press: New York. 1983;pp.3-12.

5 Deane FP, Wilson CJ, Ciarrochi J. Suicidal ideation and help-negation: Not just hopelessness or prior help. *J Clin Psychol* 2001;57(7):901-914.

6 黒瀧安紀子：自然災害時における病院看護管理者の受援力を高める教育プログラムの効果検証．２０１７年度兵庫県立大学大学院看護学研究科博士論文

7 水野治久、石隈利紀：被援助志向性、被援助行動に関する研究の動向．教育心理学研究．1999;47(4):530-539.

8 エドガー・H・シャイン、金井真弓訳、金井壽宏監訳『人を助けるとはどういうことか』英治出版．２００９年;pp.64-112.
9 吉田穂波『「時間がない」から、なんでもできる！』サンマーク出版．２０１３年
10 吉田穂波『「つらいのに頼れない」が消える本――受援力を身につける』あさ出版．２０１８年
11 Hilbrand S, Coall DA, Meyer AH, Gerstorf D, Hertwig R. A prospective study of associations among helping, health, and longevity. *Social Science & Medicine* 2017; 187:109-117.
12 Masten AS, Best KM, Garmezy N. Resilience and development: Contributions from the study of children who overcome adversity. *Dev. Psychopathol*. 1990;2(4):425-444.
13 Masten AS. Resilience in developing systems: Progress and promise as the fourth wave rises. *Dev. Psychopathol*. 2007;19(3):921-930.
14 リチャード・ドーキンス、日高敏隆・岸由二・羽田節子・垂水雄二訳『利己的な遺伝子』紀伊國屋書店．１９９１年
15 加藤洋平『成人発達理論による能力の成長』日本能率協会マネジメントセンター．２０１７年
16 Eisenberger NI, Lieberman MD, Williams KD. Does rejection hurt? An fMRI study of social exclusion. *Science* 2003;302(10):290-292.
17 熊谷晋一郎・喜多ことこ・綾屋紗月．当事者研究の導入が職場に与える影響に関する研究．内閣府経済社会総合研究所『経済分析』．第２０３号．２０２１年

第2章

1 Charney Cyril. The Leader's Tool Kit: Hundreds of Tips and Techniques for Developing the Skills You Need. AMACOM. 2005.

2 コーチ・エィアカデミア. コーチングとは: https://coachacademia.com/coaching/

3 小野眞史: メディカルコーチング――医療コミュニケーションの新たな技法と医療安全: 病院: 2013; 72(12):976-981.

4 伊藤守『絵で学ぶコーチング――すぐ使えるコミュニケーション・スキル50』日本経団連出版: 2003年

5 FranklinCovey. Leader in Me: A whole-school transformation process. https://www.franklincovey.com/solutions/education/tlim/

6 Murayama K, Matsumoto M, Izuma K, Sugiura A, Ryan RM, Deci EL, Matsumoto K. How self-determined choice facilitates performance: A key role of the ventromedial prefrontal cortex. *Cerebral Cortex* 2015; 25(5): 1241-1251. https://doi.org/10.1093/cercor/bht317 https://academic.oup.com/cercor/article/25/5/1241/312021

第3章

1 Webb JT. Nurturing Social Emotional Development of Gifted Children. ERIC Clearinghouse an

Disabilities and Gifted Education:Reston, VA. 1994.
https://files.eric.ed.gov/fulltext/ED372554.pdf

2 ウェンディ・スー・スワンソン、五十嵐隆・吉田穂波監訳『ママドクターからの幸せカルテ――子育ても仕事も楽しむために』西村書店. 2017年

3 Masten AS, Best KM, Garmezy N. Resilience and development: Contributions from the study of children who overcome adversity. *Dev. Psychopathol*. 1990;2(4):425-444.

4 Program on Negotiation, Harvard Law School. Business Negotiation Strategies. 2019.
https://www.pon.harvard.edu/daily/business-negotiations/new-conflict-management-skills/

5 伊藤守『絵で学ぶコーチング――すぐ使えるコミュニケーション・スキル50』日本経団連出版. 2003年

6 Aronson J. *How to Give Feedback to Learners*. Instructor Manual. Advanced Life Support in Obstetrics(ALSO). 2002.

第4章

1 平木典子『改訂版 アサーション・トレーニング――さわやかな〈自己表現〉のために』金子書房. 2009年

2 平木典子『図解 自分の気持ちをきちんと〈伝える〉技術』PHP研究所. 2007年

3 Neff KD, Dahm KA. Self-Compassion: What it is, what it does, and how it relates to mindfulness.

In: Ostafin BD, Robinson MD, Meier BP(eds), *Handbook of Mindfulness and Self-Regulation*. Springer. 2015, pp.121-137.

4 Whitlock J, Mai T, Call M, Epps JV. How to Practice Self-compassion for Resilience and Well-being. Accelerate, University of Utah. 2021.
https://accelerate.uofuhealth.utah.edu/resilience/how-to-practice-self-compassion-for-resilience-and-well-being

第5章

1 種田憲一郎．チーム・メンバーをケアする（1）．医療安全レポート 2020;37:25-32.

2 Berkman LF, Kawachi I(eds), *Social Epidemiology*. Oxford University Press. 2000.

3 ロバート・D・パットナム、河田潤一訳『哲学する民主主義――伝統と改革の市民的構造』ＮＴＴ出版．２００１年；p.318.

4 本橋豊、金子善博、山路真佐子．ソーシャル・キャピタルと自殺予防．秋田県公衆衛生学雑誌 2005;3(1):21-31.

5 埴淵知哉、近藤克則、村田陽平、平井寛．「健康な街」の条件―場所に着目した健康行動と社会関係資本の分析．行動計量学．2010;37(1):53-67.

6 Ueshima K, Fujiwara T, Takao S, Suzuki E, Iwase T, Doi H, et al. Does social capital promote physical activity? A population-based study in Japan. *PLOS ONE* 2010;5(8), e12135.6.

7 Coleman JS. *Foundations of Social Theory*. Chapter 12. The Belknap Press of Harvard University Press:Cambridge, MA 1990.

8 Wengert A. Research:People Prefer Friendliness,Trustworthiness in Teammates over Skill Competency. *Binghamton University News* 2021.11.2
https://www.binghamton.edu/news/story/3318/research-people-prefer-friendliness-trustworthiness-in-teammates-over-skill-competency.

第6章

1 Edmondson A. Psychological safety and learning behavior in work teams. *Administrative Science Quarterly* 1999; 44(2): 350-383. doi:10.2307/2666999

2 Duhigg C. What Google learned from its quest to build the perfect team. *The New York Times Magazine* 2016/2/25

3 尾島俊之、中村恒穂、鄭丞媛、近藤克則、宮國康弘、岡田栄作、中村美詠子、堀井聡子、横山由香里、相田潤、ローゼンバーグ恵美、斉藤雅茂、近藤尚己. 地域単位でみた受援力、近所づきあい等と自殺死亡率の関連. 第28回日本疫学会学術総会、福島市. ２０１８年

4 Forbes Human Resources Council. 11 Ways business leaders can offer their employees essential mental health support. *Forbes.com* 2021/10/5/.
https://www.forbes.com/sites/forbeshumanresourcescouncil/2021/10/05/11-ways-business-

leaders-can-offer-their-employees-essential-mental-health-support/
5 IMD World Talent Ranking 2023
https://www.imd.org/centers/wcc/world-competitiveness-center/rankings/world-talent-ranking/
6 リチャード・P・チェイト、ウィリアム・P・ライアン、バーバラ・E・テイラー．山本未生・WIT訳『非営利組織のガバナンス』英治出版：２０２０年
7 山口理栄、新田香織『改訂版　さあ、育休後からはじめよう』労働調査会：２０１６年
8 山口理栄、新田香織『子育て社員を活かすコミュニケーション【イクボスへのヒント集】』労働調査会：２０１５年
9 Washington E, Patric C. 3 Requirements for a diverse and inclusive culture. *Workplace* 2018/9/17. https://www.gallup.com/workplace/242138/requirements-diverse-inclusive-culture.aspx
10 Hunt V, Prince S, Dixon-Fyle S, Yee L. Delivering through diversity. McKinsey & Company. 2018. https://www.mckinsey.com/capabilities/people-and-organizational-performance/our-insights/delivering-through-diversity
11 Marcus LJ, Dorn BC, Henderson J, McNulty EJ, Serino R. What is meta-leadership? https://cambridgemetaleadership.com/what-is-meta-leadership/

図版作成　斎藤充（クロロス）

本書は、二〇二二年三月に小社より刊行された『社会人に最も必要な「頼る」スキルの磨き方』を加筆修正・再編集し、改題したものです。

吉田穂波（よしだ・ほなみ）
医師、医学博士、公衆衛生学修士。三重大学医学部を卒業後、聖路加国際病院で臨床研修。名古屋大学大学院にて博士号取得ののち、ドイツ・イギリスでの臨床経験を経て、０歳、１歳、３歳の子どもを連れ米ハーバード公衆衛生大学院に留学し、２年間の修士課程を修了。留学中に第４子出産後、東日本大震災では産婦人科医として被災地の妊産婦や新生児の救護に携わり、その後、国立保健医療科学院、神奈川県をはじめとした官公庁等で母子保健領域の公共政策に参画。第５子、第６子の出産を経て2019年より神奈川県立保健福祉大学大学院ヘルスイノベーション研究科教授。2020年以降、国や自治体の新型コロナウイルス感染症対策に従事。災害対策や公衆衛生学分野の論文・著書・講演多数。４歳から19歳まで４女２男の母。

頼《たよ》るスキル　頼《たよ》られるスキル
受援力《じゅえんりょく》を発揮《はっき》する「考《かんが》え方《かた》」と「伝《つた》え方《かた》」

吉田穂波《よしだほなみ》

2024 年 6 月 10 日　初版発行

発行者　山下直久
発　行　株式会社KADOKAWA
〒102-8177　東京都千代田区富士見 2-13-3
電話　0570-002-301(ナビダイヤル)

装 丁 者　緒方修一（ラーフイン・ワークショップ）
ロゴデザイン　good design company
オビデザイン　Zapp!　白金正之
印 刷 所　株式会社暁印刷
製 本 所　本間製本株式会社

角川新書

　ISBN978-4-04-082508-3 C0230

KADOKAWAの新書 好評既刊

イランの地下世界

若宮 總

イスラム体制による、独裁的な権威主義国家として知られるイランの実態に関する報道は、日本では極めて少ない。体制の欺瞞を暴きつつ、強権体制下の庶民の生存戦略をイラン愛溢れる著者が赤裸々に明かす類書なき一冊。解説・高野秀行

新東京アウトサイダーズ

ロバート・ホワイティング
松井みどり(訳)

GHQ、MKタクシー、カルロス・ゴーン、そして統一教会――日本社会で差別と不正に巻き込まれながらそれを巧みに利用し、財と権力を手にした〈異端児〉たち。彼らが見てきた、この国の政・財・スポーツ界の栄光と破滅とは?

健康の分かれ道
死ねない時代に老いる

久坂部 羊

老いれば健康の維持がむずかしくなるのは当たり前。予防医学にはキリがなく、医療には限界がある。むやみに健康を追い求めず、過剰な医療を避け、穏やかな最期を迎えるために準備すべきことを、現役健診センター勤務医が伝える。

日本国憲法の二〇〇日

半藤一利

戦争を永遠に放棄する――敗戦の日から憲法改正草案要綱で「主権在民・天皇象徴・戦争放棄」が決定するまでの激動の203日間。歴史探偵と少年の視点を行き来しながら活写する、人間の顔が見える敗戦後史の傑作! 解説・梯久美子

後期日中戦争 華北戦線
太平洋戦争下の中国戦線Ⅱ

広中一成

1941年12月の太平洋戦争開戦以降、中国戦線の実態は全くと言ってよいほど知られていない。日本軍と国共両軍の三つ巴の戦場となった華北戦線の実態を明らかにし、完全敗北へと至る軌跡と要因、そして残留日本兵の姿までを描く!! 新たな日中戦争史。